VOIR LA TERRE

Dans l'immensité des pôles

RÉMY MARION

FLEURUS
GEO Ado

www.editionsfleurus.com

Packaging éditorial et graphique : Sarbacane Design, Fabien Mombouyran,
et aa éditions, Thomas Bout
Contribution rédactionnelle : Stéphanie Genin et Marie Bationo
Conception graphique de la collection : Studio Bosson
Rédaction en chef de Géo Ado : Isabelle Bouillot
Direction du développement des Éditions Géo Ado : Dominique Fleurmont et Pierre-Olivier Bonfillon

Film : *Les Seigneurs de l'Arctique*
Réalisation : Caroline Underwood GÉDÉON programmes/Glacialis/ONF/France 5/PLANÈTE/Télé Québec/TERRANOA
Prémastering : DVD Maker

Direction éditoriale : Christophe Savouré
Direction du développement : Nicolas Ragonneau
Édition : Servane Bayle
Direction de création : Laurent Quellet
Direction artistique : Armelle Riva, Dominique Bon
Fabrication : Thierry Dubus et Marie Guibert

Dépôt légal : février 2007
ISBN : 978-2-215-05455-9
2e édition - N° d'édition 92687 - juin 2007

Photogravure : Color'way
Achevé d'imprimer sur les presses de l'imprimerie Proost (Belgique).
Loi n° 49-956 du 16 juillet 1949 sur les publications destinées à la jeunesse.

Petit mode d'emploi...

Un **texte introductif** ouvre la double page sur le thème abordé.

Des **encadrés** proposent un éclairage particulier sur un thème précis.

Des **photos** et des **dessins** illustrent les différents aspects des pôles.

Des **légendes** permettent de replacer les documents dans leur contexte.

Une **frise**, déroulée sur l'ensemble du livre, apporte des informations anecdotiques en rapport avec la double page.

Les photos portant le logo DVD sont extraites du DVD *Les Seigneurs de l'Arctique*.

L'astérisque (*) signale les mots expliqués dans le **lexique** lors de leur première apparition sur une double page.

Les **pictogrammes** de la frise aident à identifier la nature de l'information :

Phénomènes naturels

Sciences et techniques

Histoire et paléontologie

Nature en danger

Chiffres et records

Hommes et peuples

Protection de la nature

Culture

Faune et flore

Sommaire

Les cinq grandes différences

En apparence, les régions polaires se ressemblent. Mais si leur position géographique leur confère des conditions climatiques extrêmes communes, il existe néanmoins d'importantes différences entre l'Arctique et l'Antarctique.

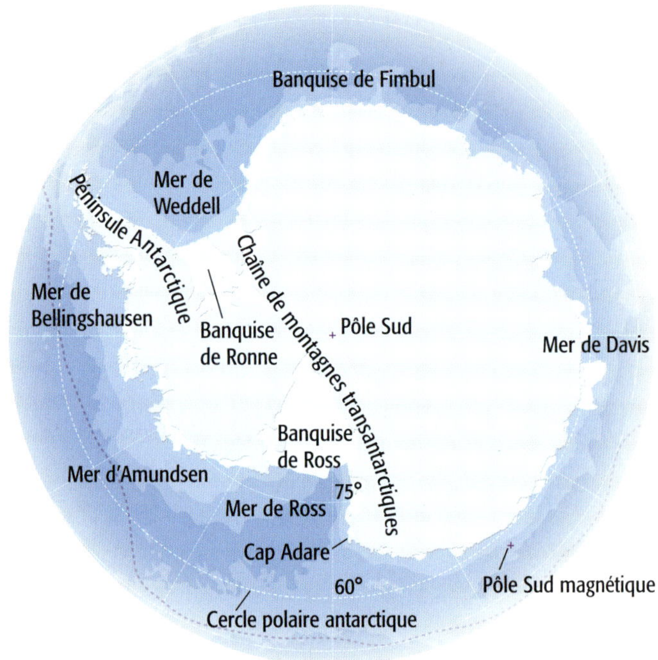

Courant marin

Banquise permanente

Banquise hiver

Glaces flottantes

Océan ou continent ?

Le pôle Nord se situe au centre d'un vaste océan recouvert de banquise permanente ; le pôle Sud, lui, se trouve au milieu d'un continent à 2 855 m d'altitude. Malgré tout, l'océan Glacial Arctique est petit au milieu d'une ceinture de continents, alors qu'au sud, c'est l'inverse : le continent Antarctique occupe seulement 10 % de la surface totale de l'océan Antarctique.

La végétation

Les conditions climatiques des deux pôles se distinguent très nettement. Durant l'été arctique, il ne gèle pas en dessous d'une altitude de 700 m, alors qu'en Antarctique, il gèle encore au sol en plein été. Ce phénomène favorise au nord le développement d'une végétation rase (à gauche), tandis qu'au sud presque aucune plante ne peut croître à part les lichens et les mousses (à droite).

L'Antarctique n'appartient à personne, donc à tout le monde ! Plusieurs pays réclament une part du continent pour diverses raisons : l'exploration, la proximité géographique... Aujourd'hui, l'Antarctique demeure une terre de science et de découverte ouverte aux touristes.

Un moratoire international protège l'Antarctique contre toute activité militaire et d'exploitation jusqu'en 2041. Dans l'Arctique, tous les pays (Canada, États-Unis, Danemark, Norvège et Russie) sont libres d'action sur leur territoire.*

La faune

Dans l'Arctique, de nombreuses espèces de mammifères originaires d'Eurasie ou du continent américain ont réussi à s'adapter au climat polaire : caribous (en haut), hermines, loups, rennes, bœufs musqués… vivent ainsi toute l'année dans le Grand Nord. Au contraire, pendant l'hiver, seuls les manchots empereurs (en bas) habitent la banquise antarctique. Dès que celle-ci se disloque, les phoques et d'autres espèces de manchots et de cétacés* reviennent sur les côtes, en bordure du continent.

La présence humaine

Les archipels arctiques, le nord de la Scandinavie et les côtes sibériennes accueillent des populations humaines depuis des milliers d'années : les hommes remontaient toujours plus loin vers le nord en suivant le retrait des glaces de la dernière glaciation, il y a 18 000 ans (à droite, un Inuit). En revanche, l'Antarctique, éloigné de tous les autres continents et protégé par un climat extrême, n'a jamais connu de présence humaine permanente avant le milieu du XXe siècle et l'installation des bases scientifiques (en haut).

Les espèces emblématiques

Dans l'Arctique, c'est l'ours blanc, le plus grand des prédateurs, qui symbolise le Grand Nord. Il a su s'adapter à la dureté du climat polaire et utiliser la banquise comme terrain de chasse. Tous les membres de la famille des ursidés vivent dans l'hémisphère Nord. L'hémisphère Sud est la région des manchots qui ne vivent que là ; et le manchot empereur, en particulier, ne demeure que sur les côtes antarctiques.

Des fossiles découverts à l'est de la péninsule Antarctique ont permis de démontrer que les terres actuellement recouvertes de glace se situaient plus au nord il y a quelques millions d'années. Elles étaient alors couvertes de végétation et des reptiles y vivaient (voir p. 10).

Pendant très longtemps l'Antarctique fut une terre d'hommes. La première femme à visiter le continent fut l'épouse d'un capitaine de baleinier en 1935, mais il fallut attendre 1974 pour qu'une femme hiverne dans la base américaine de McMurdo.*

L'Arctique

On désigne par "Arctique" l'ensemble des régions polaires de l'hémisphère Nord. Le terme vient du grec *arktos*, l'ours : les astronomes de la Grèce antique avaient en effet repéré dans le ciel un groupe d'étoiles appelé constellation de la Grande Ourse, qui indiquait la direction du nord.

Au pôle Nord, tout est au sud !

Les pôles géographiques sont deux points mathématiques où passe l'axe imaginaire de rotation de la Terre, et vers lesquels convergent les méridiens*. Lorsque l'on se trouve sur le point virtuel qu'est le pôle Nord, toutes les terres sont au sud. Les voyageurs ne découvrent pas de panneau pour indiquer ce point car le pôle est au milieu de l'océan : ils mesurent donc leur position par rapport à lui grâce au Soleil ou aux satellites.

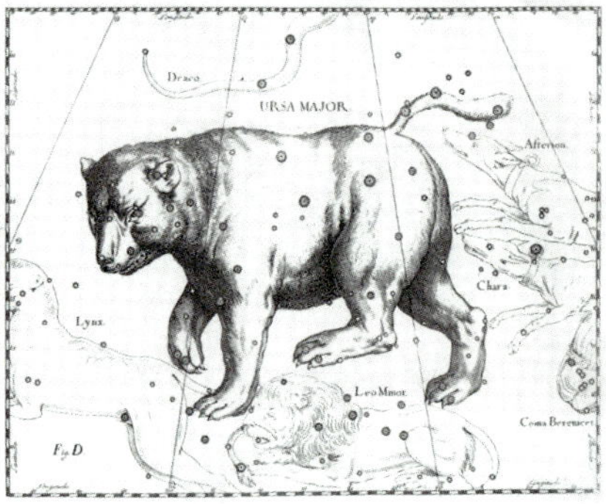

Constellation de la Grande Ourse. Selon la mythologie grecque, Héra a transformé Callisto, la maîtresse de son mari Zeus, en ourse. Pour que Callisto n'ait pas à errer dans la forêt toute sa vie, Zeus l'envoya dans le ciel.

Mois de novembre à Churchill sur la baie d'Hudson (Canada), au même niveau que la ville d'Oslo ou que le nord de l'Écosse, à plus de 700 km du cercle polaire arctique. Avec l'hiver, la glace s'épaissit chaque jour davantage : les ours profitent de la banquise qui se reforme pour remonter vers le nord.

La plus grande ville de l'Arctique, Mourmansk, compte 400 000 habitants environ. Fondée en 1916, elle est le port d'attache de nombreux brise-glaces et en particulier de quatre navires à propulsion nucléaire. Elle demeure une plaque tournante du trafic maritime dans le passage du Nord-Est au nord de la Sibérie.

Plus on va vers les pôles, moins il y a de diversité animale. Dans l'Arctique, une limite invisible indique la fin de toute trace animale, sauf de rares ours polaires en balade. La vie ne persiste qu'au voisinage des îles, car la profondeur de l'océan y est limitée par le plateau continental.*

Où se situe la limite sud de l'Arctique ?

Le cercle* polaire arctique ne constitue pas la limite sud des régions polaires arctiques : d'autres indices doivent être utilisés. Lorsque la taille des arbres est inférieure à 1,80 m, on considère que l'on est dans le Grand Nord. Le sol gelé en profondeur, appelé permafrost, empêche en effet le développement de la forêt vers le nord. Au Canada et en Alaska, la frontière arctique, qui ondule, sépare aussi les Amérindiens, au sud, des Inuits, au nord. D'autres limites sont définies par les scientifiques qui prennent en compte la température moyenne ou la progression du permafrost.

LE DÉSERT POLAIRE

Le Groenland est la plus grande île du monde. Seulement un cinquième de sa surface est libre de glace. Les précipitations moyennes n'y excèdent pas 250 mm par an, ce qui est comparable à ce que l'on observe dans les déserts chauds. La température la plus basse enregistrée dans l'Arctique est de – 70 °C (au nord du Groenland) ; et de – 67,7 °C dans un lieu habité.

Dans l'Arctique, la banquise est indispensable à la vie. Pour se reproduire, en février, les phoques du Groenland s'y rassemblent pas dizaines de milliers.

Un océan de glace

L'océan Glacial Arctique est une immense étendue de 14,8 millions de km², cernée par des archipels et la côte de la Sibérie. Sa profondeur maximale est de 5 520 m. Sous la glace, il reçoit à la fois les grands fleuves qui coulent en Sibérie et les courants qui traversent le détroit de Béring et la mer de Barents. Ces courants plus ou moins froids délimitent les régions arctiques.

L'océan Arctique est couvert d'une banquise permanente de 2 à 3 m d'épaisseur ; depuis quelques années, cependant, de larges ouvertures d'eau libre sont visibles à proximité du pôle.

Avec l'évolution du climat dans l'Arctique, des frontières que l'on croyait définitives sont remises en cause. Les États-Unis demandent ainsi à ce que le passage du Nord-Ouest, traversant l'archipel du Nord canadien, devienne un couloir international entre deux océans. Les Canadiens ne sont pas du tout d'accord…

Longtemps, les navigateurs polaires désireux d'atteindre le pôle Nord ont cru que la mer était navigable, derrière la barrière de glace. À pied, ils partaient avec des chaloupes qu'ils espéraient mettre à l'eau plus au nord. Nombre de marins ont péri sur la banquise en se fiant à cette fausse théorie.

L'Antarctique

Ant-arctique signifie "le contraire de l'Arctique" : déjà au XVIe siècle, bien avant qu'un explorateur ne découvre le continent, les cartographes imaginaient une terre sous les plus hautes latitudes* australes.

Le pôle Sud au cœur

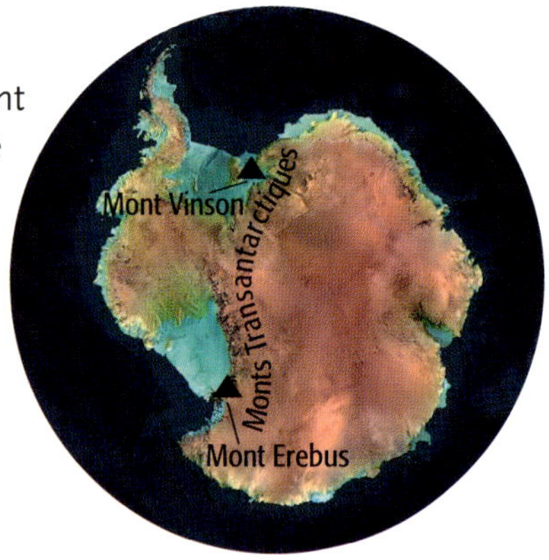

L'Antarctique est un vaste continent de plus de 14 millions de km², presque entièrement recouvert de glace. Cette calotte* représente 90 % de la glace planétaire, soit 68 % de l'eau douce. Son épaisseur maximale s'élève à 4 776 m. Sur le plateau polaire trône le pôle Sud, situé à 2 855 m d'altitude.

Une histoire mouvementée

Il y a 160 millions d'années, un super continent, le Gondwana, regroupait l'Afrique, l'Amérique du Sud, l'Inde, l'Australie, mais aussi l'Antarctique. En se disloquant, le Gondwana a libéré l'Antarctique, qui s'est déplacé lentement pour rejoindre sa position actuelle. C'est le phénomène de la tectonique* des plaques.

Si la calotte glaciaire qui le recouvre fondait, on observerait que le continent antarctique est coupé en deux par une chaîne de montagnes : les monts Transantarctiques, dont le plus haut sommet, le mont Vinson, culmine à 4 897 m. La partie est de l'Antarctique, issue du cœur du Gondwana, s'oppose ainsi à la partie ouest ; cette dernière consiste en un archipel d'îles, regroupées sous les latitudes australes, puis soudées par la glace.

Une autre conséquence des activités tectoniques est la présence d'un volcan encore actif : le mont Erebus, l'un des trois volcans au monde à posséder un lac de lave permanent. Il se dresse à 3 795 m. D'autres traces volcaniques (sources chaudes, tremblements de terre) persistent, surtout dans l'archipel des Shetland du Sud, au large de la péninsule Antarctique.

La couronne océanique

Il y a 50 millions d'années, l'Antarctique est encerclé par un courant marin circulant d'ouest en est sous l'action de la rotation de la Terre. Ce courant a écarté de toute influence extérieure le continent qui a commencé à se couvrir de glace. L'hiver, la banquise se fixe autour de lui, doublant la surface recouverte de glace et empêchant tout accès, même à un puissant brise-glace. Les animaux – phoques et manchots – quittent les lieux et se tiennent aux limites de la banquise ; seul le manchot empereur passe l'hiver sur le continent pour couver son œuf unique.

L'Antarctique n'est accessible que durant l'été, lorsque la banquise qui ceinture le continent libère les côtes. Les phoques en profitent pour venir s'y nourrir.

Lorsqu'il fait beau sur la côte antarctique, des masses d'air chaud s'élèvent. En contact avec le plateau polaire, elles refroidissent d'un coup et s'écoulent en suivant les glaciers. Plus l'air se refroidit, plus il prend de la vitesse. Ces vents d'une extrême violence, de plus de 300 km/h, sont dits "catabatiques".*

Le record de froid sur le continent antarctique est aussi un record mondial : – 89,2 °C ! Il fut enregistré à la station scientifique russe Vostok, sur le plateau, à 3 420 m d'altitude. L'hiver, à la base Amundsen-Scott près du pôle Sud, on relève une température moyenne de – 70 °C.

Des micro-organismes ont trouvé refuge dans la glace. Les algues rouges et les bactéries peuvent être congelées pendant un certain temps puis se réchauffer et continuer à se développer.

Au sud de la mer de Ross se situent des vallées protégées par de hautes montagnes, qui n'ont pas reçu de précipitations depuis 2 millions d'années. Alors occupées par des glaciers, elles furent coupées de leur alimentation en eau lors de l'élévation des monts Transantarctiques. Sous l'effet des vents violents, la glace a disparu.

Les périodes glaciaires

Bien avant que l'homme n'introduise en abondance des gaz à effet de serre dans l'atmosphère, le climat de la Terre variait sans cesse en alternant des périodes de réchauffement et de refroidissement. Ces variations sont engendrées par l'inclinaison de la Terre sur son axe et par sa position face au Soleil.

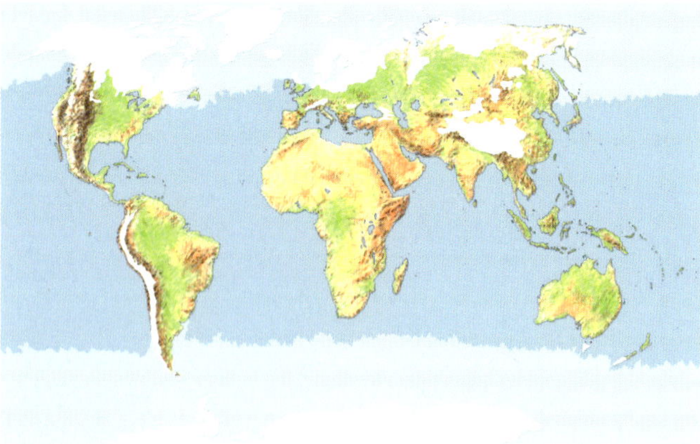

Répartition des glaces (en blanc l'étendue de la calotte glaciaire, et en bleu pâle celle de la glace de mer) au moment le plus froid de la dernière période glacière, il y a 18 000 ans.

DES PARAMÈTRES QUI CHANGENT TOUT

La distance Terre-Soleil varie régulièrement sous l'effet de l'attraction du Soleil et de la Lune. Actuellement, la Terre est au plus loin du Soleil pendant l'été, en particulier l'hémisphère Nord du fait de l'inclinaison de notre planète sur son axe, ce qui entraîne des étés moins chauds mais aussi des hivers moins froids que dans l'hémisphère Sud. L'inclinaison de l'axe de rotation de la Terre n'est pas non plus fixée pour toujours. Elle est aujourd'hui de 23° 27' ; si elle venait à atteindre 24° 50', le froid polaire descendrait vers les régions tempérées.

L'héritage glaciaire

Au cours des plus grandes périodes glaciaires, la Terre était presque entièrement recouverte de glace. Lors de la dernière glaciation, qui connaît son apogée il y a 18 000 ans, deux calottes* de glace recouvrent les régions polaires et s'étendent bien au-delà. Dans l'hémisphère Nord, les glaciers atteignent le sud de l'Europe, et dans l'hémisphère Sud, l'Argentine et le Chili. Les glaciers des Alpes et de la cordillère des Andes témoignent encore de cette période.

Les recherches effectuées en Antarctique révèlent que plusieurs cycles climatiques s'enchaînent ainsi depuis la formation de la Terre. Grâce à de profonds forages, on extrait des colonnes de glace, appelées carottes : l'étude des éléments qui y sont emprisonnés (gaz, poussières, pollens...) permet d'évaluer les températures d'époques très anciennes.

Témoignant des variations climatiques au fil des siècles, les différentes couches de neige sont bien visibles : leur teinte diffère selon leur état de transformation, les particules qu'elles renferment et leur épaisseur.

Les roches dites "erratiques" ont été déposées un peu partout par les glaciers lors de leur retrait. Elles ont longtemps intrigué car, surgies de nulle part, dans une forêt ou au sommet d'une falaise, avec parfois une masse de plusieurs dizaines de tonnes, elles paraissaient magiques.

Les glaciers conservent tout. En 1992, la momie d'un homme a été retrouvée dans les Alpes italiennes à 3 200 m d'altitude. Il portait encore des jambières de peau et un carquois avec douze flèches. Les scientifiques ont estimé que l'homme avait vécu vers 5 300 ans avant J.-C.

PAYSAGES GLACIAIRES

Certains paysages typiques, en Scandinavie et dans le nord du Canada, témoignent du passage des grands glaciers : profondes vallées en U, fjords, dépôts de moraines et de roches polies sont autant d'éléments capables de nous faire imaginer l'énorme travail des glaciers qui, tels de gigantesques bulldozers, charrient avec eux d'immenses quantités de matériaux.*

L'île de Baffin, à l'est du Canada, a été labourée par les glaciers. Les montagnes arrondies ont toutes des sillons parallèles indiquant la direction générale de l'écoulement de la glace.

Ça monte et ça descend !

Durant les périodes glaciaires, de grandes quantités d'eau se trouvent transformées en glace, et le niveau des mers baisse. Lors de la dernière glaciation, le niveau en Méditerranée était de 80 à 100 m plus bas qu'actuellement.

À l'inverse, depuis que les glaciers fondent, un phénomène étonnant se produit : la croûte terrestre remonte. N'étant plus maintenue enfoncée dans le magma* par la masse de glace de la calotte polaire, elle "rebondit". Au Spitzberg, par exemple, le sol monte d'environ 1 m par siècle ; ainsi, des ossements de baleines ont été découverts à plusieurs dizaines de mètres au-dessus du niveau de la mer.

Du chaud et du froid

L'étude des climats dans les siècles passés a permis d'établir que la Terre se réchauffe régulièrement depuis 18 000 ans. Mais certaines variations restent inexpliquées. Ainsi, vers l'an mille, le climat est légèrement plus chaud : les Vikings s'installent au Groenland pour y faire de l'agriculture. À l'inverse, entre 1570 et 1850, le climat se refroidit, les glaciers se développent et la banquise arctique s'étend vers le sud.

Les glaciers entraînent avec eux des roches qui marquent les matières minérales les plus dures. Ici de la quartzite, "rayée" par l'avancement des glaces.

Les récifs coralliens, au même titre que les calottes de glace, sont des témoins des changements climatiques. Une carotte de 3 m de longueur extraite de ces récifs peut donner des indications sur les variations climatiques sur 360 ans. L'évolution des polluants chimiques et radioactifs est aussi visible.

Sur la côte ouest du Canada, les saumons ont été, il y a 15 000 ans, à l'origine de l'une des forêts les plus productives du monde. Remontant les rivières stériles issues de la dispersion des glaciers, ils y sont morts à la fin de leur période de reproduction, créant la matière organique nécessaire à la pousse des premières plantes.

En route sur la banquise

Banquise vient du norvégien *bank is* qui signifie "banc de glace". Celui-ci est dû à la congélation des eaux marines au large des côtes polaires. C'est le terrain de chasse de l'ours polaire, le lieu de reproduction des phoques et du manchot empereur en Antarctique.

Pendant l'hiver, les icebergs sont emprisonnés dans la banquise. Lorsque la glace se disloque, ils dérivent vers le sud.

Vert... comme la glace

Avec le retour du soleil au printemps, la banquise se couvre d'algues et devient aussi verte qu'une prairie. C'est alors un réservoir de nourriture au sein de la chaîne alimentaire polaire. Des crustacés broutent ces plantes, des poissons sont attirés par les crevettes, et les mammifères marins comme les phoques, les bélougas et les narvals viennent, à leur tour, consommer les poissons.

Un puzzle mobile

Toujours en modification, la banquise ressemble à un puzzle dont les pièces se recomposent à l'infini. Soumise aux courants et aux vents, elle se disloque, se ressoude, se hérisse de crêtes de plusieurs mètres de haut par l'empilement des plaques.

Pour se frayer un chemin dans la glace de mer, les brise-glaces montent sur les plaques, faisant céder de leur poids et de leur puissance la masse compacte.

Sous la poussée des vents et des courants, la pression des plaques de glace devient si grande que des bateaux peuvent être broyés comme des allumettes. En 1914, L'Endurance, le navire de l'explorateur Shackleton, fut détruit en quelques heures sous les assauts de la banquise antarctique.

Pendant la formation de la banquise sur les côtes antarctiques, la glace peut croître et s'étendre vers le nord à raison de 4 km par jour pour atteindre dans l'océan Atlantique 52° de latitude sud.

La formation d'une glace de mer

Au début de l'hiver, l'air des régions polaires se refroidit. Au contact de cet air froid, la mer se rafraîchit également. Lorsque la température atteint – 1,8 °C, l'eau salée gèle. Dans cette mer figée, les cristaux de glace, comme des milliards d'aiguilles, transforment l'eau en soupe épaisse. Plus la température baisse, plus les cristaux se rassemblent au point de constituer des plaques de glace en forme de crêpes. Après quelques jours, ces rondelles se soudent entre elles jusqu'à former une banquise. Cette formation peut être ralentie par la neige : quand elle tombe en couche épaisse, elle réduit les effets du refroidissement, tel un édredon.

Les premières "crêpes de glace" commencent à se souder entre elles ; parfois la banquise devient compacte en un ou deux jours.

PLUS OU MOINS ÉPAISSE

Dans le Grand Nord canadien, la banquise peut persister plusieurs années en continuant de s'épaissir. La couleur de la glace devient grise et mate. En raison de sa densité, même les brise-glaces les plus puissants l'évitent. La banquise est plus homogène en Antarctique car elle se forme très vite : elle se disloque et se reforme chaque année. L'épaisseur de la glace y est d'environ 1 m.

La fonte de la banquise

Au début de l'été, lorsque le soleil se met à chauffer, la neige déposée sur la banquise fond. L'eau qui s'écoule creuse de petites piscines. Ces concentrations d'eau agissent comme des loupes : elles absorbent l'énergie solaire et accélèrent ainsi la dislocation de la banquise. Les plaques de glace se dessoudent et partent à la dérive. Quelques espèces animales, les morses par exemple, profitent de ces radeaux de glace pour se déplacer sur la mer (*voir DVD, chap. 6*) et agrandir ainsi leur territoire de chasse.

L'ours polaire est pressé de partir sur la banquise lorsqu'elle commence à se former. Il s'y aventure même si elle ne peut pas encore le porter, quitte à nager un peu.

Dans les grands fjords, la banquise n'est pas soumise à l'action de la houle et des courants : elle forme un tapis uniforme seulement marqué par les crêtes de neige.*

Les Inuits qui voyagent sur la banquise n'ont pas d'eau douce à disposition. Ils doivent rechercher les icebergs, blocs d'eau douce coincés dans la glace de mer salée, et en briser des morceaux pour les faire fondre. Ces masses de glace les protègent aussi du vent.

Le premier Européen à décrire la banquise fut Pythéas en 330 avant J.-C. (voir p. 48). Il parla de plaques dérivantes qui, sous l'effet de la houle, semblaient respirer comme des poumons. De retour à Marseille où personne n'avait jamais vu ces « poumons marins », il fut traité de menteur.

Des glaciers aux icebergs

Phénomène de transformation de l'eau, la glace des régions polaires se présente sous deux formes différentes : la banquise, glace de mer résultant de la congélation de l'eau ; et le glacier, glace de terre issue de l'accumulation de la neige. L'une contient du sel par la mer, l'autre est constituée d'eau douce par la neige.

Le destin des calottes polaires

Avant la fin de la dernière glaciation, il y a 18 000 ans, les calottes* polaires couvraient d'immenses territoires : elles s'étendaient bien au-delà des limites actuelles des régions polaires. Imaginons le nord de l'Écosse, le nord de la Scandinavie et le nord des États-Unis enfouis sous une épaisseur de 3 000 m ! Au Groenland et en Antarctique, il reste encore des calottes de glace de cette épaisseur : les inlandsis*. Mais le domaine des glaciers permanents ne se limite pas aux régions polaires : on en trouve sur toutes les montagnes hautes du monde, dans les Alpes ou en Patagonie (Amérique du Sud) par exemple.

Durant l'hiver, les fronts des glaciers semblent figés : ils ne produisent plus d'icebergs. Mais la banquise est souvent plus fragile au pied des glaciers.

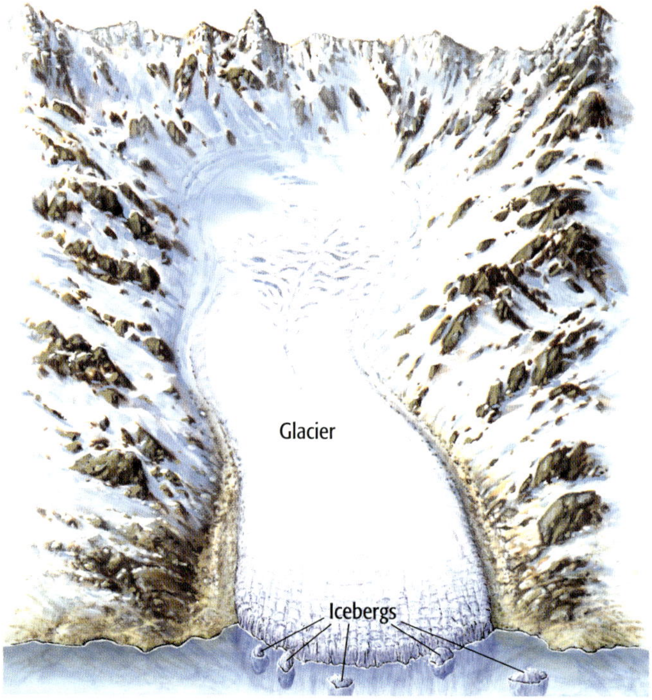

Lorsque le glacier avance rapidement, parfois de plusieurs mètres par jour, le front "crache" des icebergs en permanence.

Un fleuve de glace

Tout en persistant, le glacier coule aussi comme un fleuve. Sur les hauteurs, la neige s'accumule : sous le poids des dernières couches, ses cristaux fondent et se tassent les uns contre les autres, la transformant en glace. La masse de la glace augmente au point d'être entraînée par sa propre pesanteur à glisser naturellement sur la pente. Le glacier est comme un énorme rouleau compresseur qui transforme la montagne. C'est une langue qui arrache des rochers sur son passage et broie les roches les plus tendres pour en faire du sable ou des graviers. Les arêtes qui s'opposent à sa progression sont aplanies ou contournées en fonction de la dureté de l'obstacle rencontré. Le glacier balaye les débris dans son irrésistible avancée. Tant qu'il est plus alimenté en amont qu'il ne perd de glace en aval, il s'écoule. Mais si les chutes de neige diminuent ou si la fonte augmente, alors le volume du glacier se réduit jusqu'à disparaître complètement.

La calotte de glace du Groenland est épaisse de 3 000 m au centre et représente presque 10 % de la glace terrestre planétaire. Sa surface est environ 3 fois celle de la France et elle a enfoncé la croûte terrestre de 800 m sous le niveau des mers. Si elle fondait totalement, le niveau des mers monterait de 5 à 6 m.

Parfois, les glaciers glissent sur la pente, comme un véhicule sur une route mouillée, car une couche d'eau s'est installée sous la base de glace. À raison de plusieurs mètres par jour, ils entraînent des tonnes de glace qui vont se déverser régulièrement dans la mer.

Du glacier à l'iceberg

Si, en glissant, le glacier rejoint la mer, il peut même continuer sa route en flottant, car la glace d'origine neigeuse est moins dense que l'eau de mer. Quand sa fonte est très importante durant l'été, son écoulement crée des icebergs, blocs de glace d'eau douce plus ou moins gros qui partent à la dérive.

Le glacier est "veiné" par les apports de graviers et de roches de ses affluents, chacun amenant les matériaux arrachés sur son passage.

DE GIGANTESQUES GLAÇONS

En Antarctique, les langues de glace qui flottent sur l'océan s'écartent de la côte sur plusieurs centaines de mètres. Régulièrement, cette longue masse se brise et forme de véritables monstres de glace : les icebergs dits "tabulaires". Ils sont parfaitement plats au sommet avec des faces verticales comme taillées à la scie. Entraînées par les courants, ces glaces géantes s'éloignent de leur lieu d'origine et progressent, selon leur taille, sur des milliers de kilomètres pour approcher parfois les côtes d'Afrique du Sud.

Sous l'effet de la poussée du glacier et de la mer, des blocs se détachent du glacier, sombrant dans l'eau dans un bruit de tempête, et créant comme autant de petits raz-de-marée.

Les icebergs annoncent la fin du cycle de l'eau. La neige, tombée il y a plusieurs milliers d'années, retourne à la mer dont elle est issue.

Peut-être en raison du réchauffement climatique, un record de vitesse a été atteint en Antarctique, en 2002, lorsque la plate-forme de glace de Larsen en mer de Weddell a perdu, en seulement 35 jours, 3 500 km² de glace.

En 2002, le plus gros iceberg du monde s'est coincé entre deux îles en Antarctique. Il mesurait 195 km de long et 60 km de large. Véritable barrière naturelle, sa présence a empêché la reproduction de colonies de manchots qui ne pouvaient plus rejoindre leurs sites de nidification.

La route des icebergs

Les plus gros icebergs de l'hémisphère Nord naissent dans la baie de Disko sur la côte ouest du Groenland. Parfois hauts de 50 m au-dessus des flots et de 250 m en dessous, ces blocs à la dérive, détachés des glaciers, se jettent dans les fjords*. Ils sont ensuite entraînés sur une route maritime chaotique.

Des icebergs en pleine dérive

Le courant qui longe la côte ouest du Groenland entraîne vers le nord les jeunes icebergs encore hérissés de multiples pics et zébrés de larges bandes de graviers et de sable. Parfois, ils emportent avec eux un rocher plus gros arraché au socle du Groenland. Ils passent au moins un hiver bloqués dans la banquise de la terre de Baffin ou de l'île d'Ellesmere, déjà loin de leur lieu d'origine. Lorsque la banquise fond, les blocs de glace, libérés, repartent.

Le long de la terre de Baffin, le courant change en direction du sud. Les icebergs dérivent à la vitesse de 3 km/h environ : bien enfoncés dans l'eau, c'est le courant qui les pousse, le vent ne fait que les sculpter. Comme des navires, ils fendent l'eau avec une étrave effilée et menaçante. À l'arrière, une traînée de petits blocs de glace imite une queue de comète. Le long des côtes du Labrador, les tempêtes accélèrent le voyage. Certains mastodontes s'échouent sur les hauts-fonds et, après avoir perdu un peu de volume, reprennent leur long cours.

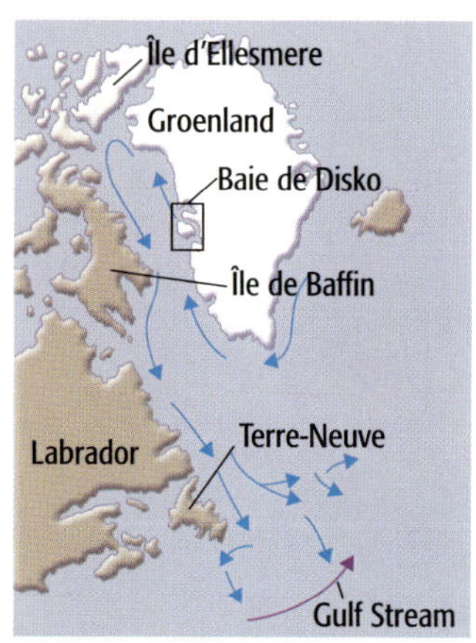

Les icebergs sont poussés par les courants froids qui longent le Groenland et le Labrador. Ils dérivent pendant des mois avant de se disloquer au large de Terre-Neuve.

Le soir du 14 avril 1912, au large de Terre-Neuve, le Titanic *termine sa première traversée de l'Atlantique. Le brouillard est épais. Sans radar, le capitaine ne parvient pas à éviter suffisamment tôt un iceberg qui transperce la coque. Il y eut plus de 1 500 morts. Le navire gît encore par 3 850 m de profondeur.*

Parfois, des ours polaires, en montant sur un iceberg, pensent avoir trouvé un moyen de transport idéal, mais ces vaisseaux de glace se dirigent vers le sud. C'est ainsi que des ours blancs ont pu se retrouver à Terre-Neuve ou dans le golfe du Saint-Laurent, bien loin de leur territoire !

Pour les oiseaux marins, les icebergs constituent des garde-manger providentiels !

La fin du voyage

Arrivés au large de Terre-Neuve, les icebergs sont lisses et polis car le soleil fait fondre la surface de la glace. Des filets d'eau tombent du sommet favorisant le développement des algues ; de petits crustacés sont ainsi attirés, qui attirent les poissons, qui attirent les mouettes... En poursuivant leur avancée vers le sud, les icebergs se rapprochent des eaux chaudes du Gulf Stream qui baigne le sud de Terre-Neuve. Quand le voyage touche à sa fin, ils ont parcouru 4 000 km ! La température plus élevée de l'eau de mer les désintègre rapidement. L'iceberg, d'une glace parfois vieille de 5 000 ans, vient finir sa vie par 40° de latitude sud, au niveau du nord de l'Espagne.

Les icebergs sont des sculptures éphémères. Toutes les formes sont possibles, selon les conditions météorologiques et les courants marins rencontrés sur leur route.

UNE NAVIGATION SUIVIE

Chaque été, les satellites suivent les plus gros icebergs le long des côtes du Canada, permettant d'établir une carte qui présente le trajet des blocs de glace dangereux pour la navigation. Grâce au radar, les bateaux qui naviguent le long des côtes du Labrador et de Terre-Neuve visualisent la route des icebergs. Il leur est parfois difficile de choisir une trajectoire tant les blocs de glace sont nombreux. De plus, la mer est très houleuse sur cette zone maritime, créant sur les écrans des points qui peuvent ressembler à des icebergs.

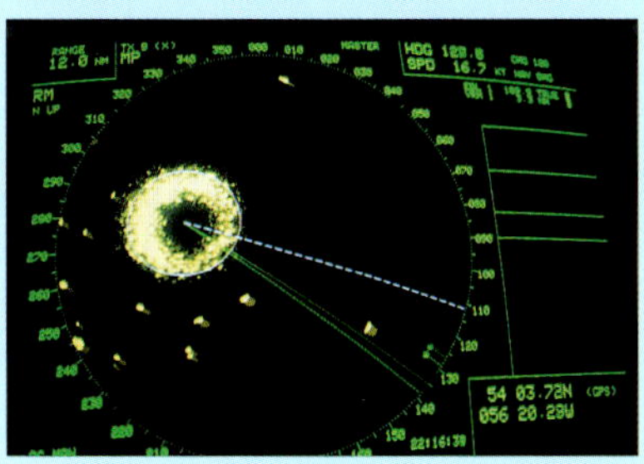

Une disparition utile

En se disloquant, les icebergs déversent dans la mer les sables, les graviers, les infimes poussières de roches qu'ils traînent avec eux depuis le lointain Groenland. L'ensemble de ces résidus constitue des sels minéraux qui enrichissent en ressources nutritives les eaux froides du courant du Labrador. Ensuite, toute la chaîne alimentaire océanique profite de cet apport, depuis les algues microscopiques jusqu'aux pêcheurs.

De gros icebergs bloquent parfois l'entrée du port de Saint-Jean de Terre-Neuve. À plus de 2 500 km de leur lieu de naissance, ils sont encore assez volumineux pour boucher la passe. Aucun bateau ne peut entrer ni sortir. La Marine a recours à de la dynamite pour faire exploser ces bouchons gênants.

En 1924, un bateau de pêche à la morue, au large de Terre-Neuve, a découvert sur un iceberg deux corps de marins morts de froid et de faim. Leur navire avait heurté cette masse de glace l'année précédente, et ils s'y étaient réfugiés.

Jour et nuit

Si la Terre tournait sur un axe vertical, la journée se diviserait en deux : en tout lieu, toute l'année, la durée du jour serait égale à celle de la nuit. Mais notre planète est inclinée sur son axe de rotation : les différentes régions du globe ne sont pas exposées au Soleil de la même façon. Au pôle Nord et au pôle Sud, ce phénomène est extrême.

Soleil de minuit et nuit polaire

Lorsque l'hémisphère Nord est face au Soleil, du 21 mars au 23 septembre, c'est l'orientation d'été : les journées sont plus longues. Au solstice* d'été, le 21 juin, le Soleil ne passe pas sous la ligne d'horizon à la latitude* du cercle* polaire (66° 30'). Il fait jour pendant 24 heures. Plus on monte vers le nord, plus cette période de jour permanent est longue (70 jours à 70° de latitude, 163 jours à 85°). Elle dure 6 mois au pôle Nord : c'est le soleil de minuit. À partir du 23 septembre, l'Arctique s'enfonce peu à peu dans la nuit. Au solstice d'hiver, le 22 décembre, le Soleil ne se lève pas au cercle polaire : la nuit y dure 24 heures, tandis que le pôle plonge dans 6 mois d'obscurité. Dans l'hémisphère Sud, le phénomène est le même, mais inversé : l'été et les longues journées débutent le 22 décembre ; l'hiver et la nuit polaire le 21 juin !

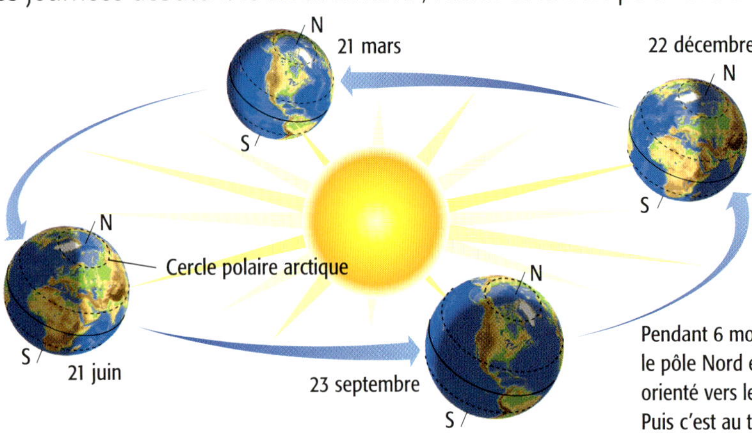

Pendant 6 mois, le pôle Nord est orienté vers le Soleil. Puis c'est au tour du pôle Sud.

Une véritable influence

La durée du jour et de la nuit n'intervient pas dans le climat ni dans la répartition des animaux et des plantes, mais le rythme des êtres vivants dépend de cette alternance. Au moment où la nuit s'allonge en terre de Baffin, au Canada, les habitants des villages ressentent une certaine morosité. Pour les Inuits, la nuit permanente n'est pas forcément une période néfaste : autrefois, les familles se regroupaient et échangeaient des histoires, puis se déplaçaient sur la banquise à la lumière de la lune. Les chamans invoquaient les esprits lorsque les aurores boréales (*voir p. 22-23*) illuminaient la nuit polaire.

Le midwinter, "le milieu de l'hiver", est un événement particulier dans les bases scientifiques antarctiques. Les hivernants bloqués dans leur base de mars à novembre fêtent le 21 juin comme le basculement vers la lumière et la fin de cette période d'isolement. Tous les excès sont possibles...*

Le 1er août 2008 dans l'Arctique, entre le Groenland et le Svalbard, aura lieu une éclipse totale de Soleil en pleine journée. Dans le jour permanent depuis le mois d'avril, les animaux perdront subitement leurs repères : comment vont-ils réagir ? Il faudra être sur place pour le constater.

Au Spitzberg, la durée du jour permanent se prolonge d'avril à fin août, comme ici à 78° de latitude.

Une légende inuit éclaire à sa façon l'alternance du jour et de la nuit : « Dans les temps anciens régnait l'obscurité. Le renard voulait qu'il fasse toujours nuit pour chasser, mais le lièvre voulait qu'il fasse jour pour trouver à manger. Le lièvre eut raison pour un jour. Depuis, il fait jour et nuit. »

À Saint-Pétersbourg, en Russie, les nuits restent claires au mois de juin. Appelées "nuits blanches", elles donnent à la ville une atmosphère magique très particulière. De nombreuses fêtes et événements culturels ponctuent ces semaines où le Soleil est roi.

Les aurores polaires

Quand, dans le ciel polaire, des lueurs vertes se mettent à danser, les Canadiens parlent de marionnettes et les Sames du nord de la Suède y voient un renard qui court avec le feu au bout de sa queue ! On désigne plus communément cet étonnant spectacle de la nature par le nom d'aurore polaire.

Le Soleil et la Terre en question

Les aurores polaires ne sont pas liées à la lumière émise par le Soleil. Elles sont le résultat visible de réactions chimiques engendrées par les éruptions solaires et le magnétisme de la Terre.

Le Soleil, en effet, est comme une énorme centrale atomique qui produit de l'énergie. Sa surface est sans cesse en activité, tel un gigantesque volcan en éruption permanente.

De son côté, la Terre est constituée de différentes couches en mouvement les unes par rapport aux autres. En son centre, un noyau métallique fonctionne à la façon d'une dynamo de vélo, produisant un champ magnétique qui fait de la Terre un aimant.

UN RIDEAU DE LUMIÈRE

L'aurore se déploie dans le ciel comme un rideau qui se déplace très vite. Après quelques dizaines de minutes d'activité, un arc ou des bandes lumineuses restent stables avant qu'une nouvelle bouffée d'énergie prenne le relais. L'aurore dure de quelques minutes à quelques heures. Sa luminosité peut atteindre la même intensité qu'une pleine lune.

L'aurore polaire commence par une faible lueur. Rien n'indique si elle va embraser le ciel pendant des heures ou se diluer rapidement ①. Si l'activité solaire est forte, plusieurs arcs s'installent dans le ciel à chaque pulsion d'énergie ②. Celle-ci, photographiée au sud de l'Alaska, a duré 5 heures ③.

Longtemps on a cru que l'apparition des aurores était un mauvais présage, signe de guerre et de destruction. Dans la Rome antique et dans les campagnes françaises, les aurores observées étaient rouges ; on croyait alors que les villages voisins étaient en flammes.

Pendant 2 000 ans, les philosophes, les astronomes et les physiciens se sont interrogés sur l'origine des aurores polaires. Ce n'est qu'en 1909, lorsque l'on découvrit l'atome, qu'une explication précise a pu être donnée à ce phénomène.

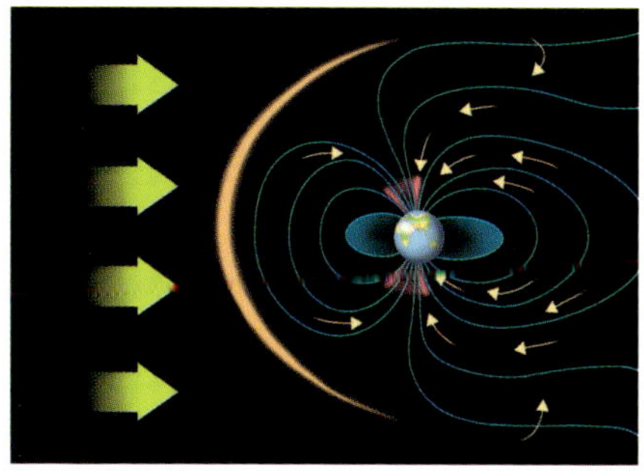

Un mécanisme très complexe

L'activité du Soleil produit constamment un vent solaire contenant de nombreuses particules chargées d'énergie. Lorsqu'elles arrivent à proximité de la Terre, après environ 48 heures de voyage, elles sont piégées par le magnétisme terrestre durant la journée, comme des aiguilles de couturière par un aimant. Elles sont ensuite entraînées par le mouvement de rotation de la Terre, et l'énergie contenue dans ces éléments se concentre côté nuit.

Vers minuit, c'est comme si la poche pleine de particules s'ouvrait. Elles excitent alors, entre 150 et 600 km d'altitude, les traces d'oxygène et d'azote contenues dans l'atmosphère. À la manière d'aiguilles qui picotent les doigts, les particules agissent sur la stabilité de ces gaz et les modifient. Les atomes et les molécules d'oxygène et d'azote se débarrassent de cette énergie supplémentaire en produisant de la lumière : ainsi naissent les aurores polaires.

Par ici, le spectacle !

Les aurores polaires sont visibles en général entre 65° et 75° de latitude au Nord (aurores boréales) et au Sud (aurores australes), exactement au même instant et de la même manière : les particules chargées d'énergie voyagent en effet sur les lignes des champs magnétiques, entre les deux pôles, à une vitesse de plusieurs milliers de kilomètres à la seconde. Les aurores sont centrées sur les pôles magnétiques, extrémités de l'aimant terrestre.

Ces couronnes de lumière sont surtout visibles pendant les périodes sans pleine lune et à l'intérieur des terres, car les nuages côtiers peuvent masquer le phénomène. L'été, les nuits sont trop claires pour les distinguer : il faut attendre la fin août pour les voir en Islande ou au sud du Groenland, par exemple.

Le même phénomène existe sur d'autres planètes ou satellites de planètes du système solaire. Il suffit que le corps céleste possède un système magnétique et une atmosphère, non nécessairement constituée d'azote et d'oxygène. Cette réaction est visible sur Jupiter et un de ses satellites, Io.

Le vent solaire a d'autres actions sur notre planète : perturbation du fonctionnement des satellites, perturbation des ondes radio, production de courants électriques sur les masses métalliques de grande longueur (pipeline, ligne à haute tension).

L'adaptation au milieu extrême

Les régions polaires se caractérisent par un climat très froid, une faible humidité, des vents souvent violents et une couverture de glace importante. Elles ne sont pourtant pas dénuées de toute vie. La nature s'est surpassée pour que des animaux et des plantes survivent dans ce milieu extrême.

Les **pédiculaires** ont un moyen unique pour se protéger : un fin duvet enrobe leurs tiges et leur permet de conserver la chaleur et l'humidité.

Le **renard polaire** possède une protection remarquable contre le froid. Son épaisse fourrure hivernale lui permet de galoper en plein vent par des températures de – 25 °C. D'assez petite taille, il se transforme en boule de poils lorsqu'il dort, sa large queue protégeant sa tête.

Le jeune phoque du Groenland naît sur la banquise. Il passe brusquement du corps de sa mère à 38 °C à une température extérieure comprise entre 0 °C et – 15 °C. Pour résister au froid, il stocke pendant sa croissance une graisse riche en calories ; il peut aussi compter sur son pelage laineux et sur sa mère qui, de son corps, le protège du vent.

Comme les loups ou les coyotes, les chiens nordiques ont un pelage qui ne retient pas l'humidité : leurs poils sont toujours secs. C'est pourquoi les Inuits ont adopté pour les cols de leurs parkas et de leurs vestes polaires cette couronne de poils pour les isoler du vent sans garder la glace.

LA "TORTUE" DES MANCHOTS EMPEREURS

Les manchots empereurs, qui nichent pendant l'hiver antarctique, ont développé des comportements de groupe uniques dans le monde animal pour résister aux tempêtes. Ils forment une "tortue", c'est-à-dire un groupe d'individus tassés les uns contre les autres, animé par un double mouvement : ceux qui sont à l'extérieur se glissent vers l'intérieur et inversement. Tout le monde profite de la protection du groupe et économise ses réserves.*

Les oiseaux marins – **mouettes ivoire**, goélands, manchots – qui passent plusieurs heures – voire plusieurs jours – sur la glace, bénéficient d'une circulation sanguine adaptée : pour ne pas perdre d'utiles calories, le sang chaud qui vient du cœur réchauffe le sang froid qui vient des pattes. Le dessous de celles-ci est ainsi maintenu à quelques degrés au-dessus de zéro, sans gaspiller d'énergie et sans refroidir l'animal.

Pour coloniser les terres laissées libres par le retrait des glaciers, les plantes ont développé des stratégies variées. Elles s'installent dans les replis de terrain ou à l'abri d'un ossement de baleine, profitant des matières organiques présentes dans le sol. Certaines, comme les **saxifrages**, forment de petits coussins au milieu d'un enchevêtrement dense de courtes tiges : chacune profite ainsi de la "communauté" en conservant de précieuses calories.

Les **rennes** et les bœufs musqués ont des couvertures de poils particulièrement efficaces. L'hiver, ils sont obligés de s'exposer au vent pour gratter la neige, car c'est dans les zones les plus ventées que la végétation dont ils se nourrissent apparaît. Les poils des rennes sont creux pour emprisonner une couche d'air qui isole la peau de l'animal. La fourrure des bœufs musqués est faite d'une laine très fine ramassée en une épaisse couverture, et renforcée par une couche de longs poils noirs ou brun foncé. Les jeunes naissent en avril et peuvent résister à des températures de – 40 °C.

Longtemps les explorateurs polaires, surtout britanniques et américains, ont refusé d'utiliser les équipements des peuples du Grand Nord. Mais la fourrure était alors le matériau le plus chaud et le plus souple. De nombreux marins périrent de froid car ils ne bénéficiaient pas de la protection de matières naturelles adaptées.

La laine de bœuf musqué est considérée comme la plus chaude. Dans les élevages en Alaska, les animaux sont peignés au moment de la mue. La laine, une fois filée, est utilisée pour confectionner des bonnets ou des chaussettes, vendus à des prix exorbitants tant cette laine est rare.

Vivre dans et sous la glace

Pour l'homme, les glaces de mer et de glacier sont des domaines invivables. Même les Inuits ne s'y aventuraient que pour traquer les phoques ou les ours. Mais des formes de vie y trouvent l'humidité et la lumière indispensables à leur développement.

Caché dans la glace !

Diverses formes de vie habitent les glaces partout dans le monde. Bactéries, algues unicellulaires, champignons s'y installent parfois très profondément : les derniers prélèvements en Antarctique ont détecté la présence de bactéries jusqu'à 3 500 m sous la glace ! En surface, des algues roses et vertes colonisent la banquise. Elles sont si nombreuses que la neige n'est plus blanche mais entièrement colorée.

La prairie du krill

Sous la banquise, des algues vertes en contact avec l'eau de mer se développent en une véritable prairie. Grâce à la lumière diffusée à travers la glace, la photosynthèse* nécessaire à la vie de ces algues est intense dès les premières lueurs du printemps. Cette abondance de nourriture végétale sert à alimenter, entre autres, un petit crustacé qui ressemble à une crevette sans en être une : le krill. De toutes les espèces existantes, c'est le krill antarctique, qui est la plus nombreuse. Au point que ce petit animal de 5 à 7 cm de longueur est l'espèce la plus répandue sur Terre avec pas moins de 500 000 milliards d'individus !

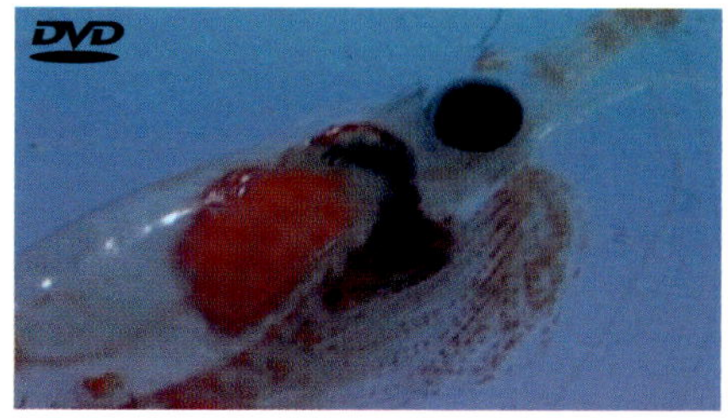

Le krill est à la base de l'alimentation de nombreuses espèces polaires (voir DVD, chap. 1). Le réchauffement des courants marins pourrait entraîner un déplacement des bancs de krills, et mettre en péril l'alimentation des manchots, dont les sites de nidification sont fixes.*

UN RÉSISTANT SURDOUÉ

Un petit insecte de 2 mm, appelé tardigrade ou ourson des glaces, vit dans la glace de la calotte polaire du Groenland. Quand vient le grand froid de l'hiver, il se dessèche et gèle. Mais ses cellules se protègent de l'intérieur en remplaçant l'eau qu'elles contiennent par un sucre spécial. Cette astuce permet à l'animal de rester en état d'hibernation extrême pendant plusieurs années en évitant la formation de cristaux de glace dans son corps.*

Le papillon de mer, ou clione, est un mollusque très répandu. On en dénombre 17 espèces dans les eaux polaires. La plus grande mesure 5 cm.

Les poissons des eaux froides, à la croissance lente et à la chair très blanche, intéressent l'industrie de la pêche. La légine des eaux australes, espèce peu connue que l'on trouve près des îles Kerguelen, fait en outre l'objet d'un braconnage intensif qui en menace la survie.

Les zones d'eau libre dans la banquise se nomment "polynies". Ces piscines sont très riches en vie animale, car elles sont un lieu d'échange entre les eaux qui remontent du fond chargées en nutriments et les eaux de surface. Avec ce brassage et la lumière, le phytoplancton se développe rapidement.*

Sous l'eau, une faune féerique

Pour les plongeurs qui se hasardent et progressent sous la banquise, les eaux polaires offrent le spectacle de multiples animaux colorés aux allures étranges, parmi lesquels les éponges rouge vif et les anémones jaunes. Autre curiosité, le papillon de mer, petit mollusque de l'Arctique mesurant 4 cm, étonne par son mode de déplacement : il vole sous l'eau avec ses deux petites nageoires et son corps transparent vertical (*photo ci-contre*).

Un antigel naturel

Les poissons des glaces, de la famille des Notothenia, vivant sous la banquise de l'Antarctique en mer de Ross, ont la particularité de survivre dans une eau à – 1,8 °C. La raison de cette résistance et adaptation au gel est la présence dans leur organisme d'une substance qui fonctionne comme un antigel et empêche la progression des cristaux de glace.

Le poisson des glaces a un aspect translucide car son sang ne contient pas d'hémoglobine rouge. Son gros cœur permet un transport très rapide du sang, et donc de l'oxygène. Celle-ci lui est fournie par l'ensemble de ses organes qui, à travers la peau, la recueillent dans une eau de mer très oxygénée.

En mer de Barents, les volcans sous-marins et les cheminées volcaniques permettent la croissance d'une faune et d'une flore particulières. Des espèces de crustacés et d'éponges ont été découvertes dans des profondeurs sans lumière, survivant grâce à la chaleur et aux sels minéraux de sources chaudes.

Chez le phoque, la circulation sanguine varie en fonction de la température. S'il fait froid, une quantité limitée de sang circule dans l'épaisse couche de graisse pour éviter la perte des calories ; s'il fait chaud, le phoque élimine des calories en faisant fondre la glace.

L'ours polaire, roi de l'Arctique

L'ours polaire est le symbole du Grand Nord. Proche cousin de l'ours brun, il est parfaitement adapté au climat extrême. Les Inuits l'appellent "l'éternel errant" car, sans territoire, il se déplace sans arrêt à la recherche des meilleurs coins pour chasser les phoques, son gibier favori.

L'athlète du Grand Nord

L'Arctique convient très bien à l'ours polaire, capable de courir à une vitesse de 35 km/h sur de courtes distances pour se jeter sur un phoque endormi, de faire des bonds de 5 m de long, de nager 100 km pour traverser un fjord*, de plonger à 20 m de profondeur et de rester sous l'eau 3 ou 4 min. Sans modifier son comportement, il résiste à des températures de – 40 °C mais, quand le vent se met à souffler, il creuse une tanière pour attendre des jours meilleurs, ou se laisse recouvrir par la neige.

Un rythme unique

L'ours polaire n'hiberne pas comme l'ours brun. Pendant l'hiver, il continue à chasser les phoques. C'est l'été qu'il doit se priver de nourriture : lorsque la banquise s'est disloquée, il ne peut rattraper à la nage des phoques trop rapides pour lui. Les ours polaires passent ainsi la saison chaude à économiser les réserves accumulées au printemps. Pour survivre l'été, un ours adulte doit consommer environ cinquante phoques le reste de l'année.

Seules les femelles, qui donnent naissance à deux oursons en moyenne entre janvier et mars, s'isolent dans une tanière dès le mois d'octobre. Elles passent huit mois sans se nourrir et ne se remettent à chasser sur la banquise qu'à partir du mois de mars. Les petits restent deux ans avec leur mère pour apprendre les techniques de la chasse aux phoques, puis ils partent vivre seuls.

Une espèce en danger

Complètement dépendant de la glace de mer pour se nourrir, l'ours polaire est menacé par le réchauffement climatique observé à la surface du globe depuis quelques décennies. La banquise disloquée trop tôt au début de l'été ou formée trop tard à l'automne provoquera une période de jeûne beaucoup trop longue pour lui. Les femelles qui doivent passer l'hiver avec de jeunes oursons n'auront plus assez de réserves (*voir DVD, chap. 5 et 10*).

À la naissance, les petits ours polaires pèsent environ 800 g. Ils restent trois mois dans la tanière avant de découvrir les grands espaces. Un an plus tard, leur poids est de 50 kg. À l'âge adulte, les mâles pèsent environ 350 à 450 kg, et les femelles 250 kg.

La neige est très isolante. Lorsqu'elle est poudreuse, elle est aussi efficace qu'une veste en duvet. À l'intérieur de la tanière de l'ourse, la température est proche de 0 °C. La femelle gratte la neige sur les parois pour recouvrir les déjections de ses oursons.

Dans les années 1970, la population d'ours polaires avait décliné suite à une chasse intensive. Des chasseurs utilisaient même des hélicoptères pour traquer les ours. Il restait moins de 10 000 ours polaires ; actuellement la population est estimée à environ 25 000 individus.

L'ours polaire est très difficilement dressé dans les cirques. Il reste dangereux pour son dresseur car c'est un animal totalement imprévisible. Dans les zoos, ils sont souvent plus gros et plus gras que dans la nature et n'ont plus l'élégance des animaux sauvages.

Les baleines, géantes des mers polaires

Ces grands mammifères marins sont regroupés en trois familles : les baleines franches, les rorquals et les baleines grises. Chacune adopte un mode d'alimentation différent pour faire ses réserves en graisse. Mais après s'être nourries l'été dans les eaux froides, toutes parcourent des milliers de kilomètres vers leur lieu de reproduction dans les régions chaudes.

Petites crevettes pour grandes baleines

L'été, dans les eaux froides de l'Arctique et de l'océan qui borde l'Antarctique, la nourriture est abondante pour les baleines. Parmi leurs aliments favoris se trouve le krill, petit crustacé semblable à une crevette, qui vit en banc de plusieurs millions d'individus (*voir DVD, chap. 1*). Les grandes baleines à fanons filtrent l'eau pour recueillir une quantité impressionnante de krill.

La baleine franche boréale se caractérise par un menton blanc et une tête qui représente un tiers de la longueur de l'animal (voir DVD, chap. 3).

Dans les eaux claires des côtes antarctiques, les grandes nageoires pectorales de la baleine à bosse peuvent être observées à loisir.

À chacun sa technique

Les baleines franches pêchent en formation, comme des oies en migration, et filtrent l'eau en avançant la gueule entrouverte. La baleine franche boréale, qui ne vit que dans le Grand Nord, est l'espèce la plus rare. Elle se glisse lentement entre les plaques de banquise et brise la glace de 60 cm d'épaisseur grâce à une bosse sur son crâne. Cette espèce peut vivre plus de 200 ans (*voir DVD, chap. 3*).

Les baleines à bosse, les baleines bleues et le petit rorqual – toutes de la famille des rorquals – engouffrent l'eau chargée de plancton*. En poussant ensuite avec leur langue, elles expulsent l'eau au travers des fanons et retiennent les crustacés et les petits poissons. Les baleines se regroupent au sud de l'Alaska, sur les côtes du Labrador ou au large de la péninsule antarctique pour de véritables festins. Elles sont parfois plusieurs dizaines à festoyer ainsi au même endroit.

La baleine grise a une technique bien à elle : dans le détroit de Béring et en mer de Beaufort, au nord de l'Alaska, elle se couche sur le fond et filtre la vase pour piéger les animaux présents.

En 2002, une baleine franche boréale égarée en baie d'Hudson a été trouvée par une bande d'orques pour son plus grand malheur. Ils l'ont dépecée, et les morceaux de graisse qui se sont échoués dans les environs de la petite ville de Churchill, au Canada, ont attiré des dizaines d'ours polaires.

En 1988, deux baleines grises se sont attardées au nord du détroit de Béring. La banquise les a emprisonnées au point qu'elles risquaient de mourir noyées sous la glace. Américains et Russes ont organisé leur sauvetage en faisant intervenir un brise-glace.

Une reproduction en mer lointaine

Les grandes baleines se reproduisent dans les régions chaudes, notamment en Polynésie, en Basse-Californie mexicaine et sur les côtes de Madagascar. Dès que leur baleineau est capable de voyager sur de grandes distances, elles repartent vers les régions polaires. Lors de leur migration et de leur retour, les baleines traversent des milliers de kilomètres d'océan : des îles Hawaii à l'Alaska vers le nord, de la Polynésie à l'Antarctique vers le sud. Elles doivent donc emmagasiner des réserves importantes de graisse pendant les étés polaires pour effectuer ce long périple dans les eaux chaudes.

Cette baleine grise et son baleineau entament la longue route qui les mènera de la Basse-Californie, au large du Mexique, jusque dans les régions polaires.

UNE ESPÈCE PROTÉGÉE

Les baleines sont protégées dans les eaux antarctiques. Cette région est devenue un sanctuaire, une zone que l'on ne peut pas exploiter. L'Arctique, où les baleines ont été chassées pendant cinq siècles, est maintenant une zone où la population de baleines est assez faible. Les baleines franches, autrefois très nombreuses, sont aujourd'hui très rares car elles ne se reproduisent pas souvent. Les Inuits du nord du Canada n'ont plus le droit de chasser qu'une seule baleine franche boréale par an.

Les orques se faufilent dans les glaces à la recherche de manchots imprudents ou de phoques endormis. En surgissant, elles peuvent faire basculer une plaque de glace.

Les plus petits oiseaux de l'Arctique, les mergules nains, consomment le même plancton que les baleines. Avec la disparition des baleines franches, les mergules ont beaucoup plus de nourriture et leur population s'accroît très vite.

Les fanons des baleines franches atteignaient plus de 5 m de long au début de la chasse commerciale. Les plus grands individus ont vite été chassés et actuellement les fanons ne mesurent plus que 3 m. Il leur faut en effet beaucoup de temps pour atteindre ces dimensions, un temps que les chasseurs ne leur ont pas laissé…

Narvals et bélougas

Ces deux dauphins, qui sont cousins, ne vivent que dans l'Arctique, en bordure de la banquise. Ils chassent en grands groupes, nageant sous la glace sur de longues distances à la recherche des poissons, crustacés et calmars dont ils se nourrissent.

Le narval, "licorne des mers"

Le narval se distingue par cette défense que la légende attribuait à la mythique licorne. La corne en spirale, visible uniquement chez les mâles, est en fait l'incisive gauche qui grandit au point de percer la paroi du crâne. Elle s'allonge jusqu'à 2 m de longueur et pèse entre 6 et 9 kg. Elle ne semble pas avoir d'autre utilité dans la vie de l'animal que de désigner les mâles les plus puissants. Les narvals se nourrissent de poissons qu'ils vont parfois chercher jusqu'à 800 m de profondeur. Ils suivent la limite de la banquise et s'aventurent dans les fractures de la glace. Traditionnellement, les Inuits traquent le narval en juin. Équipés de fusils à lunette, les chasseurs opèrent aujourd'hui en motoneige. Ils ne consomment que la peau qu'ils coupent en petits dés. La défense leur rapporte aussi beaucoup d'argent. Mais des quotas limitent le nombre de prises.

En juin, les narvals se rapprochent des îles arctiques en suivant le retrait de la banquise. Ils voyagent en groupe, profitant des plus petits espaces entre les blocs de glace.

En 1671, le roi Christian V du Danemark est couronné sur un trône construit avec des défenses de narvals. En 1999, le Nunavut, nouvelle province inuit du Canada, reçoit son emblème : une défense de narval ornée d'or.

Il est possible de voir des narvals avec deux défenses. Très rares, ces individus sont particulièrement recherchés par les chasseurs inuits. La vente d'un crâne avec deux défenses peut rapporter 15 000 euros.

Sous l'eau, le corps dépourvu d'aileron dorsal des bélougas semble se déformer à chaque mouvement. Leur cou articulé peut se plier pour regarder alentour.

DANGER, OURS À L'HORIZON !

Le seul prédateur animal des narvals et des bélougas est l'ours polaire. Dans les failles de la banquise, les mammifères marins se retrouvent parfois coincés dans d'étroites piscines. Obligés de remonter respirer, ils sont attendus par l'ours, qui leur sautent sur le dos, leur arrachent le dessus de la tête avant de les hisser sur la banquise. Un ours polaire peut remonter sur la glace un bélouga de 600 kg.

Le bélouga, "canari des mers"

À la naissance, le petit bélouga est gris foncé. Il prend ensuite la même coloration que ses parents : tout blancs. Les bélougas changent d'épiderme chaque année. Ils possèdent une grosse bosse sur la tête, le melon, qui sert à capter les émissions sonores sous-marines. L'espèce émet une grande variété de sons : sifflements, trilles, grondements, toute une gamme de vocalises résonnent sous la banquise grâce à eux ! D'où leur surnom de "canari des mers" (*voir DVD, chap. 8*).

Après la disparition des glaciers, voici 5 000 ans (*voir p. 12*), un groupe de bélougas s'est retrouvé piégé dans le fleuve Saint-Laurent au sud du Canada. Leurs descendants survivent grâce aux eaux froides du Grand Nord qui se glissent à contre-courant sous le fleuve et recréent en surface, par endroits, une petite mer polaire idéale, riche et froide.

Certaines plages du Spitzberg sont couvertes d'ossements de bélougas qui témoignent d'une chasse acharnée, aujourd'hui interdite. Les bandes de bélougas étaient d'abord rassemblées dans des baies peu profondes, tuées, puis les cadavres étaient hissés sur les plages et dépecés pour leur graisse.

Certains bélougas du Saint-Laurent avaient tellement absorbé de mercure, de chrome ou de plomb, que leurs cadavres étaient considérés comme un produit dangereux. Des mesures de dépollution en amont du fleuve ont permis de réduire la quantité de ces déchets toxiques.

Les phoques et le morse dans l'Arctique

Il existe seize espèces de phoques à travers le monde, dont quatre typiquement arctiques. Proche parent, le morse est également un cousin des otaries, mais il ne vit que dans le Grand Nord. Toutes ces espèces sont la proie des deux prédateurs de l'Arctique : l'ours polaire et... le chasseur inuit !

Le **phoque marbré** est le plus petit : il pèse entre 60 et 100 kg et mesure entre 1,30 et 1,50 m de longueur. C'est le plus abondant avec une population de plus de 13 millions d'individus, et il est la proie favorite des ours polaires. Il a la particularité de se construire une tanière avec la neige accumulée sur la banquise, pour s'y reproduire. Le petit du phoque marbré est blanc ; protégé dans un igloo de neige, il y attend sa mère lorsque celle-ci part à la pêche sous la banquise. Au printemps, cette espèce aime à se prélasser sur la glace.

Avec de caractéristiques moustaches en broussaille, le **phoque barbu** est de couleur brune, grise ou rousse. Son poids maximum est de 360 kg et sa taille varie de 2,10 à 2,40 m. Placide et souvent solitaire, il paresse sur les plaques de glace devant les glaciers. Il est doté d'une peau très résistante. Les Inuits l'utilisent pour fabriquer des fouets de 15 m de long, dont ils se servent pour mener les chiens de traîneau.

Quand les Inuits tuent un phoque, le dépeçage est toujours réalisé de la même manière : les yeux sont réservés pour les enfants car ils sont riches en vitamines, les nageoires sont découpées, le corps de l'animal est tranché et les morceaux sont stockés dans la peau prélevée, comme dans une bourse.

La peau de phoque est un matériau aux qualités multiples. Souple, résistante, étanche, elle est cousue dans l'épaisseur pour éviter les trous. Avec le poil à l'extérieur ou épilée, elle permet la fabrication de bottes, de moufles mais aussi de l'enveloppe des kayaks.

Le **phoque du Groenland**, lourd de 130 kg et long de 1,70 m en moyenne, est une espèce migratrice dont les zones de reproduction se situent au sud de l'Arctique, dans le golfe du Saint-Laurent au Canada, ou en mer Blanche, en Russie. L'été, tous les individus partent vers le nord au rythme de la dislocation de la banquise. De grandes troupes de phoques se faufilent entre les plaques de glace à la recherche des poissons qui broutent en dessous.

Le **phoque à capuchon** vit dans les mêmes régions que le phoque du Groenland. Il s'en distingue par un pelage plus sombre, un poids et une longueur supérieurs : 300 kg pour le mâle, 160 kg pour la femelle, mesurant entre 2,20 et 2,60 m. C'est surtout le mâle qui est différent car il exhibe une sorte de trompe sur le museau. Cette grosse poche qu'il gonfle sert de caisse de résonance aux sons qu'il émet pour impressionner ses adversaires, lorsqu'il doit protéger sa compagne.

Le **morse** se caractérise par deux grandes canines blanches et une taille de mastodonte : le poids du mâle se situe entre 1 200 et 1 600 kg, celui de la femelle entre 750 et 1 250 kg ; sa longueur varie de 2,50 à 3,60 m. Les défenses peuvent atteindre 75 cm chez les plus gros mâles dans le Pacifique nord. Les morses se nourrissent de coquillages qu'ils cherchent dans la vase, au fond des baies ou des détroits. Leur technique consiste à planter dans la boue leur museau doté de quelque 700 poils fonctionnant comme autant de doigts : ils aspirent ainsi le contenu de la coquille (*voir DVD, chap. 6*).

La chasse aux phoques du Groenland a repris depuis quelques années mais un quota limite le nombre de prises. Cette activité est indispensable pour les quelques chasseurs des îles de la Madeleine, au large du Québec, qui utilisent plusieurs parties de l'animal : peau, graisse, viande.

Les ours polaires s'attaquent parfois au morse, mais il est presque impossible qu'il puisse tuer un adulte. En revanche, un jeune devient un repas de choix. Il est arrivé qu'un phoque à capuchon se défende contre un ours polaire au point de le tuer en l'égorgeant.

Les phoques et l'otarie dans l'Antarctique

Tous les phoques qui vivent en Antarctique ont des origines communes. Leurs ancêtres sont nés dans l'hémisphère Nord, d'où ils ont peu à peu été chassés vers les côtes antarctiques par la progression des otaries, leurs concurrentes dans le domaine.

Le **phoque de Ross** est le plus rare ; difficile de dénombrer sa population en Antarctique. On sait peu de choses sur son mode de vie. Plutôt solitaire, il mange surtout des calmars et vit principalement dans des zones où la banquise est épaisse. Son poids est de 200 kg pour une longueur de 2,30 m.

Le **phoque de Weddell** a une allure débonnaire avec sa petite tête posée sur son gros corps, mais c'est aussi un plongeur en apnée très performant. Des mesures ont prouvé qu'il pouvait descendre à 800 m de profondeur et rester sous l'eau 90 min. Son poids atteint parfois les 400 kg et sa longueur est d'environ 3 m.

Contrairement à ce que son nom laisse penser, le **phoque crabier** ne mange pas des crabes mais du krill. Ses dents forment comme une grille : leurs pointes s'emboîtent entre la mâchoire du haut et celle du bas, qui filtre l'eau. Cette espèce est la plus nombreuse en Antarctique ; pendant l'été, on peut voir plusieurs dizaines de phoques rassemblés sur la glace. Parfois, ils sont la proie des orques qui patrouillent entre les plaques de banquise. Ils pèsent 250 kg et mesurent 2,30 m de long.

Le phoque de Weddell est tellement calme au contact des hommes qu'il a été très étudié par les biologistes. Ils ont pu lui installer des balises qui le suivaient lors de plongées, faire des mesures sur sa température et son rythme cardiaque sans que l'animal ne s'y oppose.

Le phoque crabier est certainement l'espèce la plus abondante, avec plus de 5 millions d'individus. Mais il est difficile de compter ces espèces réparties sur une banquise aussi vaste que le continent lui-même ; les survols en avion n'estiment les populations de phoques que sur une faible surface.

L'**éléphant de mer** est le plus impressionnant des phoques : les mâles adultes font en moyenne 2 tonnes et 4 m de longueur. Ces derniers possèdent une trompe qu'ils gonflent lorsqu'ils sont en colère. C'est elle qui leur a donné leur nom. Excellents plongeurs, ils chassent calmars et poissons jusqu'à 1 000 m de profondeur. Ils passent egalement de longues semaines à terre, dans les îles australes, pour muer et pour se reproduire.

Le **phoque léopard** porte bien son nom. Car si ce gros phoque se nourrit de krill, il dévore aussi des manchots et de jeunes phoques. Très rapide et très mobile dans l'eau, il peut saisir entre ses puissantes mâchoires les manchots qui partent à la pêche. Il pèse environ 350 kg et mesure jusqu'à 3 m ; la femelle est plus grande et plus lourde d'environ 10 %.

Une seule espèce d'otarie approche le continent antarctique : l'**otarie à fourrure antarctique**. Elle est visible sur quelques îles à proximité de la péninsule, où elle se nourrit de krill. Les otaries se distinguent des phoques par leurs quatre grandes nageoires. Ce sont leurs antérieures qui leur permettent de dresser le buste sur le sol et de se propulser sous l'eau, comme pour les manchots. Le mâle pèse jusqu'à 140 kg, pour 1,85 m, tandis que la femelle a un poids de 45 kg et mesure 1,30 m.

Le phoque léopard est un animal d'une incroyable puissance et d'une rapidité déconcertante. Curieux, il rend parfois visite aux plongeurs sous-marins, mais peut aussi se montrer agressif. Il impressionne toujours en raison de son énorme mâchoire.

L'orque est le principal ennemi des phoques antarctiques. Dès que la glace lui permet de se rapprocher de la côte, elle se faufile entre les plaques de banquise ou s'infiltre par les chenaux des brise-glaces, pour surprendre les phoques endormis sur des blocs instables qu'elle fait basculer.

Des manchots par milliers

Sur les dix-sept espèces de manchots connues, cinq vivent à proximité du continent antarctique. Tous les manchots vivent dans l'hémisphère Sud et ne volent pas, alors que les pingouins vivent dans l'hémisphère Nord et volent. Il est donc facile de les distinguer.

Le **manchot papou** vit surtout dans les îles subantarctiques, mais certaines colonies sont installées sur la péninsule antarctique. Il se distingue par son bec orange vif et sa démarche étrange. On a l'impression qu'il va tomber en avant à chaque pas, tant ses pattes sont situées à l'arrière de son corps. En revanche, en mer, c'est le plus rapide pour rejoindre les zones de pêche et, sous l'eau, il se transforme en torpille !

Les **gorfous macaroni** sont peu nombreux à nicher* dans les eaux antarctiques. Ils sont dispersés sur les îles de l'hémisphère Sud : dans la forêt au sud de la Nouvelle-Zélande, au sommet des falaises aux îles Falkland, sur les pentes de l'île Macquarie. Dans l'archipel du Shetland du Sud, ils vivent au milieu d'une colonie de manchots à jugulaire, dont il est aisé de les distinguer. Les gorfous macaroni sont reconnaissables aux aigrettes jaunes qu'ils portent sur la tête, et qui ont une fonction importante dans les relations entre individus : un gorfou privé de ses plumes jaunes ne trouve pas de partenaire.

Grâce aux fossiles, nous savons qu'il y a 38 millions d'années existait en Australie un manchot mesurant plus de 1,50 m. Sur un total de 40 espèces d'ancêtres des manchots, 14 ont été découvertes sur le territoire australien.

Dans l'hémisphère Nord, un grand pingouin qui ne volait pas, d'une espèce exterminée par l'homme, est à l'origine des confusions entre pingouins et manchots. Quand les marins portugais et espagnols découvrirent sur les côtes d'Afrique les premiers manchots, ils crurent qu'il s'agissait de la même espèce.

Le **manchot à jugulaire** se reconnaît facilement au petit trait noir apparaissant sous son menton comme une jugulaire de casque (bride passant sous le menton). Proche cousin des manchots papou et Adélie, il vit en grande colonie de plusieurs dizaines de milliers d'individus. Sa population totale doit dépasser les 8 millions de couples. Cette espèce consomme essentiellement du krill qu'elle pêche à moins de 40 m de fond.

Le **manchot Adélie** est l'espèce la plus largement répandue sur les côtes du continent antarctique. C'est aussi celle qui vit le plus au sud car des individus nichent en mer de Ross au pied du mont Erebus. Il doit son nom au prénom de la femme de l'explorateur français Dumont d'Urville qui s'appelait Adèle. Cette espèce a plutôt mauvais caractère et défend âprement son nid contre les prédateurs et contre ses voisins. C'est un manchot trapu qui mesure 75 cm et pèse en moyenne 6 kg.

Le plus grand et le plus lourd est le **manchot empereur** avec une taille de 1,10 m et un poids de plus de 30 kg. C'est aussi le plus adapté au milieu extrême de la banquise antarctique. Cette espèce est obligée de couver son œuf en plein hiver par des vents de 150 km/h et un froid de – 40 °C. Lorsque le vent souffle trop fort, les individus se rassemblent et forment "la tortue" pour que tous profitent de l'abri du groupe. Après avoir pondu son œuf unique, la femelle le donne au mâle pour qu'il le couve en bordure de côte. Elle retourne alors s'alimenter dans la mer en traversant 100 km de banquise. Elle revient par le même chemin après l'hiver, pour nourrir le poussin qui a éclos. Ce sera alors au mâle de faire la grande traversée pour aller s'alimenter.

ET LES PINGOUINS DANS TOUT ÇA ?

Le manchot est souvent confondu avec le pingouin car il ressemble à une espèce de grand pingouin aujourd'hui disparue. Les pingouins forment une famille d'oiseaux qui ne vit que dans l'hémisphère Nord. Ils nichent dans l'Arctique, mais aussi sur les côtes de Bretagne.

Le manchot empereur a battu tous les records de profondeur et de longueur de plongée. Il peut en effet plonger jusqu'à 535 m de profondeur et rester sous l'eau plus de 20 min pour aller pêcher les calmars, sa nourriture favorite.

Les manchots ont longtemps subi une chasse intensive. Certaines colonies ont disparu, mais aucune espèce n'a été exterminée. Les chasseurs de phoques utilisaient les manchots tout entiers comme combustible pour faire fondre la graisse des éléphants de mer.

Les oiseaux migrateurs de l'Arctique

L'hiver, dans l'Arctique, seuls les lagopèdes, le goéland sénateur et le grand corbeau peuplent les airs. Mais dès le renouveau du printemps, le peuple des oiseaux reprend possession de tous les endroits disponibles : falaises, étangs, toundra...

L'**eider à duvet** aime à s'installer sur les côtes de la région arctique pour nicher*. La femelle s'arrache du duvet de la poitrine pour tapisser le fond de son nid creusé dans les herbes de la toundra*. Les œufs sont déposés sur ce tapis douillet et chaud.

Les premiers oiseaux migrateurs à arriver dans le Grand Nord, lorsque les beaux jours font leur apparition, sont les canards marins, les eiders et les hareldes, suivis de près par les **mergules** et les guillemots (*voir DVD, chap. 7*). Parfois, ils sont devancés par le plus petit des oiseaux présent dans l'Arctique, le bruant des neiges qui, malgré sa fragilité, commence à nicher très tôt en saison.

Guillemots et **mouettes tridactyles** s'installent dans les falaises déjà chauffées par le soleil de printemps. Les premiers arrivants occupent les meilleures places, inaccessibles au renard polaire et bien exposées au soleil.

La **sterne arctique**, qui hiverne* en Afrique australe, en Australie et en Antarctique, a bouclé ses 40 000 km annuels lorsqu'elle revient nicher sur un îlot au gazon vert tendre, tout juste dégagé de la neige et de la glace.

Avec la raréfaction des baleines dans l'Arctique, certaines espèces ont profité de la nourriture disponible. Des énormes quantités de plancton ont ainsi permis à la population de mergules nains, le plus petit des oiseaux marins de l'Arctique, d'atteindre 6 millions d'individus.*

La récolte du duvet d'eider a été, comme la chasse à la baleine, une industrie prospère en Arctique. Elle attira des trappeurs au nord de la Sibérie, au Spitzberg et au Groenland. Ceux-ci intervenaient après l'installation des eiders, obligeant les femelles à refaire leur nid dont le duvet avait été récolté, sans pour autant leur nuire.

Pour échapper aux prédateurs, les petits **échassiers**, bécasseaux et pluviers se camouflent dans les plantes au ras du sol. Leur plumage se confond tellement avec le brun et le roux de la toundra que le renard ne les remarque pas. Ils sont nombreux à profiter des zones humides de la toundra pour nicher, y trouvant insectes et petits invertébrés marins en quantité.

Le **goéland bourgmestre** et les labbes, deux espèces prédatrices, s'attaquent aux autres oiseaux présents dans l'Arctique : ils les pourchassent lorsqu'ils reviennent de la pêche pour leur chaparder leurs proies. Ils installent souvent leur nid en périphérie des colonies de mouettes tridactyles et de guillemots.

DVD *Algue unicellulaire*

DVD *Guillemots sur une falaise*

DES ALGUES AU MENU

À la surface de la banquise se développe une couche d'algues unicellulaires que de petits crustacés viennent brouter. Ces petits animaux sont, à leur tour, la proie des poissons comme la morue, mais aussi des baleines et des grandes populations d'oiseaux marins comme les mouettes tridactyles, les guillemots (voir DVD, chap. 7) et surtout les mergules, les plus nombreux. De plus, l'été, le jour étant permanent, les adultes peuvent pêcher et revenir nourrir leur poussin à toute heure. Sur les falaises, l'activité ne cesse pas !

Au printemps, la **chouette harfang** réintègre son milieu naturel, la toundra. Blanche, mouchetée de noir, elle vole lentement pour repérer les lemmings qui s'aventurent en terrain découvert. Pendant l'été, elle niche au sol ; l'hiver, elle migre vers les grandes plaines du sud canadien ou le nord de l'Europe.

Le faucon gerfaut, que l'on ne trouve que dans le Grand Nord, blanc légèrement moucheté de noir, était le rapace préféré des princes et des rois pour la fauconnerie, la chasse avec un faucon. Dès le Moyen Âge, des gerfauts arrivèrent en Europe du Sud, avant même que les régions arctiques ne soient vraiment connues.

Les Inuits tuaient beaucoup d'oiseaux marins : ils mangeaient les mergules et utilisaient la peau des guillemots encore recouverte de plumes pour faire des parkas. Quant aux ailes des mouettes, elles étaient utilisées comme balayettes, notamment pour faire tomber le givre.

Au temps de l'Union soviétique, les opposants au pouvoir communiste étaient envoyés dans des camps de travail en Sibérie. Ceux qui parvenaient à s'en évader avaient peu de chance de survivre dans l'immense forêt : l'été, à cause de l'humidité et des moustiques ; l'hiver, à cause de la neige et du froid.

Les fleuves qui traversent la forêt sibérienne entraînent avec eux des quantités de troncs d'arbres. Ceux-ci dérivent à travers l'océan Arctique et s'échouent sur les plages du Spitzberg et du Groenland. Ils permettent la construction des kayaks et des traîneaux dans des régions sans arbres.

La forêt boréale

Au sud de la toundra*, là où les arbres ont au moins la taille d'un homme, s'étend la grande forêt boréale, la plus vaste du monde. Elle se déploie de la Finlande au Kamtchatka en Eurasie, et au Canada de l'océan Pacifique à l'Atlantique.

Un riche habitat

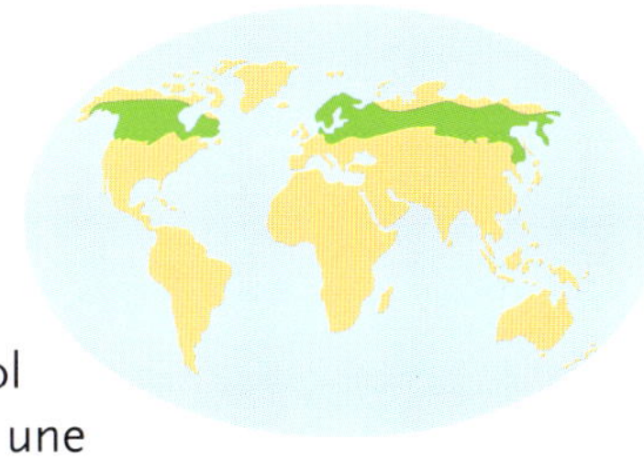

Les glaciers qui recouvraient auparavant la région, labourant les grandes plaines, ont commencé à fondre il y a 18 000 ans. En se retirant, ils ont créé des lacs devenus depuis des tourbières* au sol fertile. Les glaciers ont ainsi fait place à une vaste forêt constituée surtout de résineux (pins et épinettes) et de bouleaux. Ces sites attirent nombre d'oiseaux : grues, cygnes chanteurs, plongeons et canards. L'hiver, lorsqu'une épaisse couche neigeuse cache la forêt et recouvre rivières et lacs, l'élan, haut sur pattes, se déplace sans problème dans la neige profonde, et arrache l'écorce des arbres dont il se nourrit pendant la saison froide. Les caribous, eux, migrent vers les zones moins enneigées pour gratter le sol avec leurs sabots (*voir DVD, chap. 4*). Quant aux loups, ils suivent en meute les traces des grands herbivores qu'ils harcèlent.

Castor et ours brun

Le castor est le charpentier de la forêt boréale. Grand consommateur d'arbres pour son alimentation et son habitat, il transforme sans relâche le paysage. Ses barrages créent des lacs qui inondent la forêt.

L'ours brun, lui, affectionne les clairières riches en baies et en tubercules. Il installe sa tanière dans les racines d'un grand pin pour y passer l'hiver lorsque la neige recouvre tout.

Le feu jardinier

Parfois, la foudre tombe sur la forêt boréale et déclenche un feu de grande ampleur. Les flammes se propagent très vite à travers les pins : inutile de chercher à éteindre l'incendie qui prend des proportions considérables ! Mais des botanistes ont remarqué que le feu était profitable à la forêt, car il nettoie les buissons et dégage de l'espace pour les arbres. La température élevée permet d'ailleurs à certaines graines de germer.

Au début de l'été, les bois des élans sont encore recouverts d'un velours qui permet leur croissance. Les mâles se débarrassent ensuite du velours, faisant apparaître une nouvelle ramure.

UNE RÉSERVE EN DANGER

La forêt russe est une réserve de bois pour l'industrie de la pâte à papier. Les tronçonneuses tracent leur chemin comme si la ressource était inépuisable. L'exploitation intensive diminue la biodiversité, les sols n'étant plus protégés par les arbres.*

En 1902, l'explorateur russe Vladimir Arseniev fut guidé dans ses expéditions par un chasseur du nom de Dersou Ouzala. À son retour, il écrivit un récit de voyage, Dans la taïga de l'Oussouri, *qui devint un film magnifique sur la forêt boréale intitulé* Dersou Ouzala, *réalisé par Akira Kurosawa en 1975.*

Entre les Indiens d'Amérique du Nord, vivant dans la forêt boréale, et les Inuits, les relations étaient tendues. Plus forts physiquement et très guerriers, les Indiens Cree attaquaient et pillaient les petites communautés inuits installées au nord de la limite des arbres, avant d'en tuer les membres.

La toundra, vaste et glacée

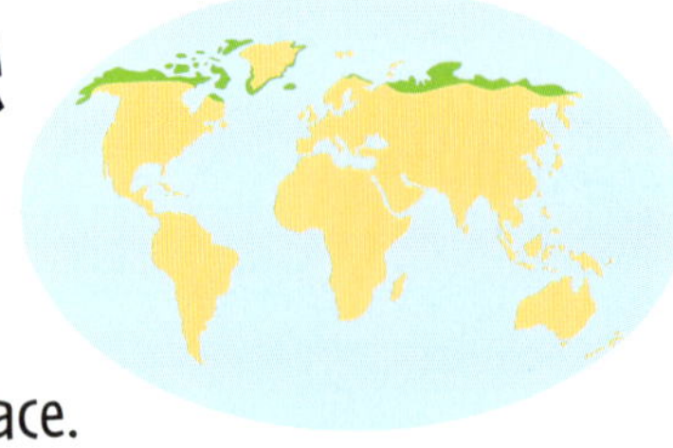

"Toundra" est un mot d'origine russe qui désigne les régions situées au nord de la forêt boréale. Elles se caractérisent par un sol gelé en profondeur et une végétation rase de mousses, de lichens et de quelques plantes herbacées en surface.

Une forêt miniature

Quand les arbres disparaissent, que le sol se couvre de plantes de plus en plus petites, la forêt boréale laisse place à la toundra. Le sol gelé en profondeur empêche les arbres de développer leurs racines ; seules des plantes peu exigeantes peuvent pousser.

Dans la toundra, la végétation ne s'élève pas au-dessus de quelques dizaines de centimètres. Elle reste collée au sol pour profiter de la chaleur estivale et éviter le vent de l'hiver.

Ce renne a déjà revêtu son pelage hivernal. Bien protégé par une fourrure dense, il peut ainsi résister au froid et aux vents violents qui balaient la toundra.

L'adaptation à l'hiver

L'hiver, la toundra se couvre d'une croûte de neige gelée et tassée par le vent. Les oiseaux abandonnent les lieux, à l'exception des lagopèdes qui trouvent sous la neige des pousses de saules à picorer. Les lemmings creusent des réseaux de galeries dans la neige pour se mettre à l'abri du vent et des températures extrêmes. Les renards et les lagopèdes échangent leur pelage ou leur plumage brun pour un camouflage blanc neige. Grâce à leur ouïe fine, les renards polaires repèrent la circulation des rongeurs. D'un bond, ils saisissent le lemming trop bruyant.

Les bœufs musqués – ces herbivores qui vivaient déjà au temps des mammouths – se rassemblent dans les zones exposées au vent. Leur laine très épaisse leur permet de résister aux pires tempêtes de l'Arctique. Dans les sites exposés, la neige est moins épaisse et ils peuvent gratter le sol pour se nourrir de lichens (*voir DVD, chap. 8*). Les loups blancs de l'Arctique restent à proximité des bœufs musqués et s'attaquent parfois à une famille. Les herbivores se regroupent alors pour se défendre, les mâles en avant, armés de cornes puissantes, les jeunes au centre, et les femelles sur les côtés.

Les linaigrettes profitent de l'humidité des fonds de vallée. Le vent dissémine leurs graines.

L'hiver terminé, le renard perd sa tenue de camouflage blanche pour revêtir sa fourrure estivale brunâtre, idéale pour approcher discrètement les lemmings et les oiseaux qui nichent en grand nombre.

Parfois, dans la toundra, on croise des tas de pierres installés par des hommes. Ces constructions ressemblent à de petits bonshommes les bras écartés : ce sont des inukshuk. Disposés en entonnoir, ils conduisaient les caribous vers les chasseurs souvent peu nombreux et seulement armés d'arcs et de flèches.

Le mode de défense des bœufs musqués face aux meutes de loups est très efficace. Leur population ne diminue donc pas à cause des prédateurs. C'est lorsque les explorateurs et les baleiniers sont arrivés avec des armes à feu que l'espèce a été massacrée.

Au pays des moustiques

Lorsque la neige fond et que le sol dégèle en surface sur quelques dizaines de centimètres de profondeur, l'eau de fonte stagne et la toundra se transforme en un vaste marécage. L'espèce animale la plus répandue devient alors le moustique ! Rassemblés en véritables nuages noirs, ces insectes harcèlent sans répit les caribous, les bœufs musqués et le voyageur qui n'a pas pris ses précautions.

Le bœuf musqué est un animal trapu, enveloppé d'une laine épaisse. Chassé sans mesure, il a disparu dans plusieurs régions (voir DVD, chap. 8).

Ce loup est tombé sur une aubaine : la carcasse d'un bœuf musqué qui n'a pas résisté à l'hiver. Il ne lui reste plus qu'à transporter les morceaux jusqu'à sa tanière, distante de 10 km.

JEUX DE CACHE-CACHE

Les oiseaux qui nichent au sol trouvent dans la végétation un milieu idéal pour passer l'été et se cacher des renards polaires ou d'autres oiseaux prédateurs comme les labbes. Les bécasseaux bruns mouchetés de noir se camouflent entre les touffes de saules, les eiders à duvet restent immobiles et sont invisibles dans leur plumage brun.*

Les loups blancs sont encore chassés pour leur fourrure, mais comme ils sont peu nombreux dans la toundra de certaines îles du Nord canadien, tout prélèvement est dommageable à la survie de l'espèce. Celle-ci est protégée dans les parcs nationaux, en particulier au nord de l'île d'Ellesmere à 800 km du pôle Nord.

Dans la toundra, les espèces de prédateurs et de proies étant limitées, leurs cycles sont très dépendants les uns des autres. Si le nombre de lemmings croît, les familles de renards polaires, d'hermines et d'harfangs mangent beaucoup et se reproduisent davantage... entraînant la chute de la population de rongeurs.

Les îles subantarctiques

Autour du continent antarctique circulent des courants et des vents entraînés par la rotation de la planète. Quelques terres existent au milieu de ce vaste océan : îles Falkland, Kerguelen, Macquarie, Bouvet, Heard, Auckland, Géorgie du Sud... Ce sont les îles australes subantarctiques – petites, austères, mais paradisiaques pour nombre d'animaux.

Un vent à décorner les bœufs

Toutes les îles subantarctiques partagent le même climat rude. Les latitudes* des mers australes sont nommées "Quarantièmes hurlants" et "Cinquantièmes rugissants" pour évoquer la violence des tempêtes qui y sont permanentes. Une houle longue et profonde vient battre les côtes occidentales, creusant et déchiquetant les contours de ces îles.

La végétation côtière s'est adaptée au sel projeté par les embruns. Une graminée en particulier, le tussock, a profité de ses capacités à résister au sel pour se propager en un tapis côtier qui accueille les manchots, les otaries, les éléphants de mer et une kyrielle d'oiseaux nicheurs.

Les albatros, qui ont besoin du vent pour s'élancer dans les airs, ont trouvé dans les îles australes des conditions de vol idéales. Ils nichent* au sommet des falaises ou des collines et n'ont plus qu'à ouvrir les ailes pour décoller. Une fois dans les airs, ils parcourent l'océan Austral à la recherche des meilleurs bancs de poissons.

L'envergure d'un albatros royal dépasse les 3 m. Cela lui permet de planer sur des centaines, voire des milliers de kilomètres sans jamais se poser.

Vue depuis l'océan Indien austral, l'île de l'Ouest des Kerguelen se détache à l'horizon.

Les îles Falkland, au large de l'Amérique du Sud, ont été habitées pour la première fois au XVIIIe siècle par des Français qui leur ont donné le nom de "Malouines". La France les céda à l'Espagne, mais les Britanniques en prirent possession en 1832. En 1982, l'Argentine tenta d'envahir l'archipel sans succès.

Sur l'île Saint-Paul, en 1930, un armateur français déposa 6 personnes pour garder sa pêcherie de langoustes. Mais le ravitaillement ne fut pas envoyé. Neuf mois plus tard, 4 hommes avaient péri de malnutrition.

Le royaume des manchots

Les terres émergées accueillent plusieurs espèces de manchots qui bénéficient, sur ces îles isolées, de territoires sans prédateurs terrestres. Mais les endroits accessibles et protégés sont rares : les manchots se tassent alors, leurs nids ne sont distants que de deux longueurs de cou et de bec. Des centaines de milliers de manchots royaux et de manchots papous, ainsi que cinq espèces de gorfous, occupent les moindres parcelles de rochers, de plateaux, de fonds de vallées.

Les éléphants de mer et les otaries, comme les manchots, s'installent sur une plage pour se reproduire et muer. La place étant comptée, ils se regroupent en colonies denses. Les mâles les plus puissants s'octroient un territoire en début de saison pour y accueillir des femelles. Les combats font rage pour défendre des harems de plusieurs dizaines de femelles.

Sur l'île Macquarie, les chaudières qui servaient, jusque dans les années 1950, à faire fondre les manchots et à les transformer en huile, trônent toujours au milieu d'une des colonies de manchots royaux.

Et les hommes sont arrivés...

Même si les hommes n'ont jamais vraiment vécu sur ces îles loin de tout, ils y sont présents depuis le début du XIXe siècle. Les naufrages y furent nombreux. Certaines îles ont été occupées pendant la Seconde Guerre mondiale comme bases de ravitaillement pour les sous-marins.

Toujours au XIXe siècle, la chasse aux éléphants de mer et aux otaries a entraîné vers ces terres lointaines beaucoup de bateaux de pêche qui débarquaient des équipes de chasseurs sur les plages. Quand tous ces animaux étaient réduits à l'état d'huile ou de tranches de lard, l'équipage était récupéré.

DES ÎLES SOUS SURVEILLANCE

Depuis la dernière Année géophysique internationale en 1957, les scientifiques ont investi les lieux. Sur chaque île est installée une base météorologique avec quelques hébergements pour des biologistes et des physiciens.*
Aux îles Kerguelen, archipel qui dépend de la France, des bateaux de la Marine nationale surveillent les eaux poissonneuses : de nombreux bateaux de pêche (ci-dessus) tentent en effet d'y piller des ressources pourtant protégées.

Courbettes et salutations sont parmi les éléments de la parade dans un couple de manchots royaux. Mâle et femelle pourront ainsi se reconnaître dans une colonie de plusieurs milliers d'individus.

Le gros problème actuel des îles subantarctiques est l'introduction d'animaux par l'homme : chat, rat, mouton, vache, cochon, lapin sont à l'origine de la destruction d'espèces végétales et animales endémiques (c'est-à-dire qui ne vivent que là).

Quand Kerguelen de Trémarec aperçoit en 1772 les îles qui portent désormais son nom, il croit qu'il s'agit de terres cultivables. Il retourne aussitôt en France et recrute un nouvel équipage pour prendre possession de ce territoire. Mais lors du débarquement, ses membres ne découvrent que des terres stériles.

De Pythéas aux baleiniers du XVe siècle

La conquête des pôles est une longue aventure, qui a commencé près de trois cents ans avant notre ère. Depuis le premier voyage de Pythéas, beaucoup de marins ont contribué à ouvrir la voie de ces régions inhospitalières...

Le Massaliote traité de menteur

Vers 340 avant J.-C., un habitant de Massalia (l'actuelle Marseille) navigue vers le nord. Nommé Pythéas, il a pour mission de prendre contact avec les marchands d'étain de Grande-Bretagne et les trafiquants d'ambre de la mer Baltique. Son voyage est une révolution : il utilise le Soleil pour naviguer, décrit le mouvement des marées et approche la banquise. Ses découvertes sont tellement spectaculaires qu'à son retour, beaucoup le traitent de menteur... Malheureusement, le récit de son expédition a disparu ; seules des informations de seconde main nous sont parvenues. Une seule certitude demeure aujourd'hui : Pythéas le Massaliote a navigué au-delà du cercle* polaire à bord... d'une galère !

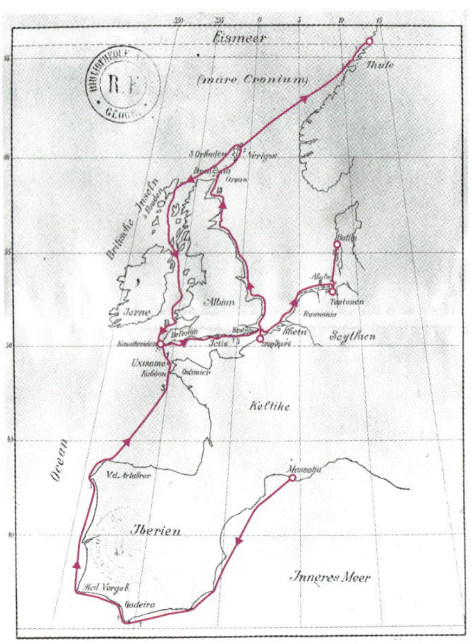

Carte du voyage présumé de Pythéas depuis Marseille jusqu'aux côtes norvégiennes. Le détroit de Gibraltar était alors nommé les colonnes d'Hercule : peu de marins s'aventuraient au-delà.

Les moines irlandais

Au début du Moyen Âge, des moines irlandais prennent la mer vers le nord-ouest. À bord d'embarcations légères, des coracles en peaux de bœufs, ils parcourent l'Atlantique nord. En Islande, ils fondent une congrégation. Au VIe siècle, un de ces moines, du nom de Brendan, se distingue par ses récits. Ces aventures sont certainement une compilation de plusieurs voyages, mais on y trouve la description précise des icebergs, de la banquise, des grandes baleines et des aurores boréales.

Les coracles irlandais ont permis aux moines de naviguer sur l'Atlantique nord dès le Moyen Âge. Remontant la côte irlandaise, ils faisaient escale aux îles Shetland puis aux Féroé avant d'atteindre l'Islande.

En 1596, l'expédition menée par le Hollandais Willem Barents passe l'hiver en Nouvelle-Zemble, au nord de la Sibérie. Celui-ci y laisse la vie, mais ses hommes repartent en laissant tout dans la cabane d'hivernage. Elle sera retrouvée en 1871, encore pleine d'objets du voyage, de livres ou d'instruments de navigation.*

En 1619, le navigateur danois Jens Munk entre dans l'estuaire de la rivière Churchill sur la côte ouest de la baie d'Hudson, et croit trouver l'accès au fameux passage du Nord-Ouest. Il y passe l'hiver et ne repart au Danemark qu'avec 2 hommes, le reste de l'équipage étant mort de froid et de faim.

Depuis la colonie du Groenland, fondée par son père Erik le Rouge, Leif Erikson atteint l'actuelle île de Terre-Neuve. Elle deviendra le site d'une nouvelle colonie viking, et le lieu de passage vers les côtes américaines.

Les Vikings dans le Grand Nord

Un peu plus tard, les Vikings – habitants du Danemark, du sud de la Norvège et de la Suède – partent sur leurs navires pour commercer ou chasser. Ils visitent l'archipel du Svalbard vers l'an mille, peut-être par hasard, poussés par de mauvaises tempêtes, ou dans le but de chasser les morses ou de récolter du duvet d'eider. Erik le Rouge, exilé d'Islande, installe une colonie sur la côte du Groenland, puis plus tard sur l'île de Terre-Neuve. De là, les Vikings découvrent la côte canadienne et nord-américaine, et commercent avec les Amérindiens auprès de qui ils se fournissent en huile de phoque, fourrures, bois. Ils naviguent très au nord, jusqu'à l'île Skraeling, à peu près sur la même latitude* que le nord du Groenland.

Mais les relations qu'ils entretiennent avec les Inuits ne sont pas amicales. Loin de leurs pays d'origine, malmenés par les habitants locaux et soumis à des conditions climatiques qui se refroidissent, les Vikings disparaissent du Groenland au XIIIe siècle.

LES BALEINIERS DU XVe SIÈCLE

Après l'épopée viking et pendant cinq siècles, les Européens ne se sont pas vraiment intéressés à l'Arctique. Mais les baleines franches venant à disparaître dans le golfe de Gascogne, les chasseurs recherchent d'autres sites : ils en arrivent à traverser l'Atlantique. Du Pays basque ou de Normandie, ces baleiniers débarquent sur les côtes du Labrador, certainement avant que Christophe Colomb ne découvre Saint-Domingue et l'Amérique, en 1492. C'est ainsi qu'ils rejoignent le détroit de Davis et la terre de Baffin à la poursuite de la baleine franche boréale.

De 1619 à 1660, un village de baleiniers nommé Smeerenburg, "la ville du gras", s'installe au nord-ouest du Spitzberg. Cette petite communauté de chasseurs hollandais, y dépèce et y fait fondre les baleines tuées. L'odeur de graisse attire de nombreux ours polaires... chassés à leur tour.

En 1976, l'historien britannique Tim Severin reconstitue un bateau identique à celui de Brendan, selon les techniques utilisées au VIe siècle. Avec cette embarcation de bois et de peau, il réussit à atteindre Terre-Neuve depuis l'Irlande, prouvant que le voyage relaté par le moine irlandais était possible.

La chasse à la baleine

Dès le Moyen Âge, la baleine a attisé la convoitise de quelques peuples. Une seule prise fournissait une immense quantité de ressources alimentaires, et de matières premières (cuir, os) utilisées pour la fabrication d'outils.

Au XIXᵉ siècle, le capitaine Charles Melville Scammon découvrit les sites de naissance des baleines grises… avant d'en massacrer des milliers. Il a laissé de précieuses informations sur le mode de vie des cétacés en publiant en 1874 un livre sur les mammifères marins de la côte nord-ouest de l'Amérique.

La chasse à la baleine n'était pas sans risque : entre 1871 et 1876, 45 bateaux sont détruits dans le détroit de Davis, et 70 marins sont perdus. Tous ces naufrages s'ajoutent aux nombreux accidents liés à la chasse elle-même : les coups de nageoires caudales abîmaient les chaloupes et renversaient les équipages.

De la chasse à la main...

Avec les Basques et les Normands (*voir p. 49*), les Inuits sont parmi les premiers peuples à avoir pratiqué la chasse à la baleine. Pendant près de dix siècles, ces cétacés* sont harponnés à la main depuis de petites embarcations. Les chasseurs ne s'intéressent alors qu'aux baleines franches, les seules qui flottent après avoir été abattues.

... au harpon massacreur

En 1864, l'invention du canon-harpon par le Norvégien Sven Foyn annonce un grand massacre. Du pont d'un baleinier rapide et puissant, le canonnier lance dans le corps de la baleine un harpon creux, très solide. La tête du harpon, munie de crochets qui s'ouvrent dans la chair, permet de tracter l'animal le long du navire. Amené sur le bord, le cétacé est gonflé d'air pour être maintenu à flot. Les chasseurs ont dès lors pu s'attaquer à toutes les baleines : la baleine bleue, la baleine à bosse et le rorqual commun.

Un approvisionnement en huile

Les baleines ont, sous la peau, une couche de graisse qui peut atteindre 50 cm d'épaisseur. Avec un seul animal, de taille moyenne, on pouvait ainsi produire 100 tonneaux d'huile en faisant fondre la graisse. Celle-ci était en particulier utilisée pour éclairer les rues et les foyers.

Quand le pétrole a envahi le marché vers 1950, les huiles de baleines n'ont plus été nécessaires à l'industrie. Leur protection n'a pas évité la quasi-destruction de plusieurs espèces.

Seuls les Japonais, les Norvégiens et les Islandais chassent encore les baleines, notamment le petit rorqual, fréquent dans les régions polaires.

La chasse à la baleine était une activité très dangereuse : le harponneur et l'équipage de la baleinière devaient en effet aller au contact de l'animal, pesant plusieurs dizaines de tonnes, sans être à l'abri de ses réactions violentes.

Lorsque les baleines ont disparu de l'Antarctique, les chasseurs ont exterminé les éléphants de mer et les otaries. Lorsque les éléphants de mer se sont faits plus rares, les hommes ont commencé à tuer les manchots...

Au Groenland et en Islande, on peut toujours acheter de la viande de baleine dans les supermarchés. Certains Inuits du sud du Groenland chassent le petit rorqual pour compléter leurs ressources alimentaires, mais cette viande n'est pas exportée.

La conquête du pôle Nord

Au début du XIXe siècle, après avoir bataillé pendant de longues années contre la France, la marine anglaise se retrouve sans projet immédiat. Le franchissement du passage du Nord-Ouest, au nord du Canada, et l'accès au pôle Nord deviennent ses nouveaux défis !

L'histoire d'une quête éprouvante

Au début du XIXe siècle, le passage du Nord-Ouest constitue pour les Anglais une alternative maritime pour relier l'Europe à l'Asie : il doit permettre d'éviter le cap Horn, au sud de l'Amérique du Sud, et le cap de Bonne-Espérance, au sud de l'Afrique, ainsi que les présences espagnoles et portugaise en ces endroits stratégiques.

Dès 1818, l'explorateur John Ross et son second, William Parry, échouent aux portes du passage. Parry repart un an plus tard et parvient à cartographier 1 000 km de côte. Quant à John Ross, il appareille à nouveau en 1829, accompagné de son neveu James Clark Ross (*voir p. 56*). Sir John Franklin, entre 1819 et 1822, explore le centre de l'archipel du Nord canadien. En 1845, il repart à la recherche du passage avec deux navires, l'*Erebus* et le *Terror*. L'expédition disparaît corps et biens après quelques mois de voyage. Seul un document, retrouvé en 1859, atteste de la mort du capitaine.

Durant la deuxième moitié du XIXe siècle, de multiples expéditions complètent la cartographie d'une large partie de l'archipel du Nord canadien et permettent d'avancer vers le passage du Nord-Ouest.

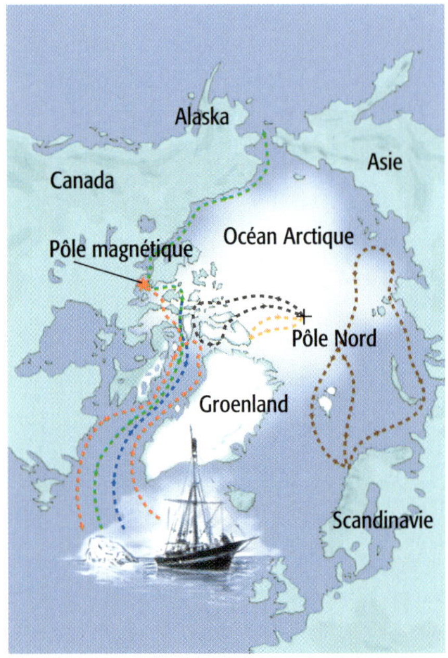

Ce tableau illustre la fin tragique de l'explorateur britannique John Franklin. Mais on sait peu de choses sur la perte dramatique de l'expédition : seuls trois corps ont été retrouvés gelés. Les deux navires et leurs équipages ont disparu sans laisser de traces.

L'approche du pôle Nord en dérive

En 1878, la *Jeannette*, bateau d'une expédition américaine partie à la recherche du pôle Nord, est broyée par la banquise en dérive au nord-est de la Sibérie. En 1884, la découverte de débris de ce navire sur la côte nord du Groenland laisse supposer que des courants traversent l'océan Arctique.

Pour confirmer cette hypothèse, l'explorateur norvégien Fridtjof Nansen (*voir p. 57*) entreprend en 1893 une curieuse aventure : il se rend au nord de la Sibérie et se laisse prendre dans la banquise avec son navire, le *Fram*, spécialement conçu pour résister à la pression des glaces. La trajectoire de la dérive l'entraîne à proximité du pôle Nord, qu'il tente alors de rejoindre à skis. Il ne regagne la Norvège que deux ans plus tard, sans avoir atteint son but. Pendant ce temps, le *Fram* continue sa dérive jusqu'au Spitzberg et arrive à Oslo quelques jours avant le chef d'expédition.

L'expédition Franklin est toujours d'actualité. De nos jours, une poignée de passionnés demeure à sa recherche. Aidés par des technologies modernes, guidés par quelques objets qui semblent provenir de l'expédition, ils espèrent retrouver la trace des marins.

En 1897, le capitaine Peary ramène avec lui du Groenland une famille inuit, qu'il expose comme dans un zoo. Les parents meurent de tuberculose ; le jeune Minik est élevé par des Américains. Plus tard, il verra au musée d'Histoire naturelle le squelette de son père, dont le corps ne sera inhumé au Groenland qu'en 1993.

L'AUTRE PASSAGE

Côté sibérien, le passage du Nord-Est reliant le nord de la Scandinavie au Pacifique est franchi par Adolf Erik Nordenskjöld (voir p. 56) avec l'équipage de la Vega *entre 1878 et 1879. L'expédition ne passe qu'un hiver au nord de la Sibérie. Cette voie de navigation deviendra importante pour la Russie, qui fera transiter marchandises et minerais grâce à des convois précédés de puissants brise-glaces. Sur cette gravure, Nordenskjöld est représenté en train de sauver l'un des ses marins.*

Les partisans de Cook et de Peary se sont opposés avec âpreté pendant plusieurs années, comme en témoigne cette revue du XXe siècle.

Les vainqueurs de l'extrême

Il faut attendre 1906 pour qu'un bateau franchisse dans son intégralité le fameux passage du Nord-Ouest. Accompagné de six membres d'équipage, le Norvégien Roald Amundsen (*voir p. 57*) rejoint le Pacifique depuis l'Atlantique à bord d'un petit phoquier, la *Gjöa*. Cette traversée prendra deux étés.

C'est avec ce petit bateau, d'à peine 20 m de long, solide et facile à manœuvrer, qu'Amundsen est parvenu à franchir le passage du Nord-Ouest.

Le pôle Nord reste à atteindre. Ce point devient objet de rivalité extrême entre deux Américains : le capitaine Robert Peary et le docteur Frederick Cook. Après plusieurs tentatives, le premier prétend l'avoir rejoint en avril 1909. Le second, Cook, proclame l'avoir atteint un an plus tôt, en avril 1908. L'étude des journaux de navigation a montré depuis que ni l'un ni l'autre ne sont arrivés précisément au pôle. Ce n'est qu'en 1969 que Wally Herbert y accède pour la première fois en traîneau à chiens.

Le 3 août 1958, le sous-marin nucléaire américain Nautilus *atteint le pôle Nord après avoir navigué sous la banquise à 4 500 m de profondeur depuis le détroit de Béring. Ces efforts pour atteindre le pôle ne sont qu'un épisode de la guerre froide qui sévit alors entre les États-Unis et l'Union soviétique.*

Même si le pôle Nord a désormais été atteint, de nombreuses expéditions en solitaire ou en équipe tentent chaque année de rejoindre ce point mythique à skis, en traîneau à chiens, en moto ou motoneige… Le pôle Nord continue de fasciner, alors qu'il n'y a rien à y voir ni à y découvrir.

La conquête du pôle Sud

Même si les cartographes avaient déjà imaginé la présence d'un continent antarctique dés l'Antiquité grecque, ce n'est qu'en 1773 que les terres glacées du pôle sont approchées par l'explorateur anglais James Cook. Celui-ci en fait le tour mais sans les voir, ne croisant que d'énormes icebergs issus de gigantesques glaciers...

Un repaire de chasseurs

La première approche du continent antarctique est entreprise, au début du XIXe siècle, par les chasseurs d'otaries et d'éléphants de mer. Leur objectif n'est pas la découverte de terres nouvelles, mais de meilleurs secteurs de chasse. Ils ont d'ailleurs laissé peu d'informations sur la position des terres explorées.

Des conquêtes et des baptêmes

Dans les années 1830 et 1840, plusieurs explorateurs approchent le continent situé au sud de l'Australie. L'Anglais James Clark Ross découvre la mer qui porte son nom et l'Erebus, le seul volcan actif du continent antarctique, qu'il baptise du nom d'un de ses navires.

De son côté, le Français Dumont d'Urville met le pied sur une portion de terre qu'il nomme, en hommage à son épouse Adèle, "la terre Adélie". Dans cette région est toujours installée une base scientifique française.

D'un pôle à l'autre

Le milieu du XIXe siècle est marqué par la disparition de l'expédition Franklin au nord du Canada (*voir p. 52*). Tout l'effort de recherche se porte alors vers l'Arctique pour tenter de retrouver les équipages de l'*Erebus* et du *Terror*. Cinquante-deux expéditions partent ainsi dans le Grand Nord.

Il faut attendre la fin du XIXe siècle pour que de nouveaux explorateurs s'intéressent à l'Antarctique. En 1897, l'explorateur belge Adrien de Gerlache embarque à bord de son navire la *Belgica* un équipage composé de plusieurs nationalités : l'Américain Cook, le Norvégien Amundsen, le Tchèque Racovitza et le Polonais Arctowski. Ils sont les premiers à passer l'hiver en Antarctique en dérivant dans la banquise.

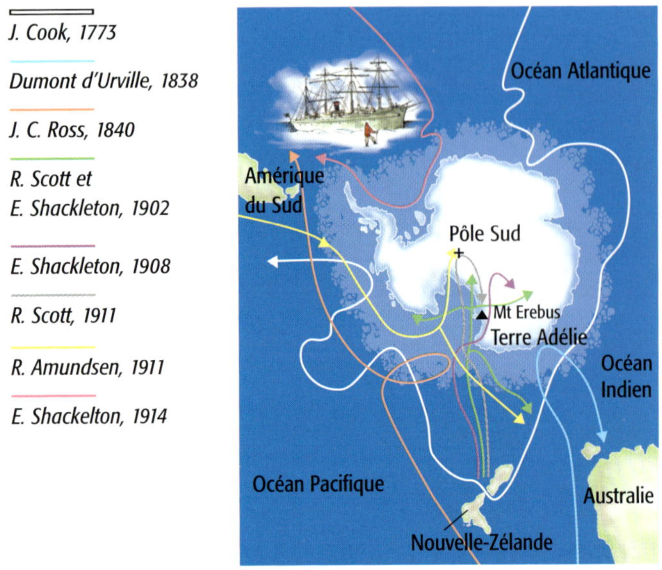

De 1772 à 1775, le navigateur britannique James Cook entreprend une longue expédition. Il a pour mission d'explorer les parties les plus australes de l'hémisphère Sud, encore inconnues. En décembre 1773, il est le premier à couper le cercle polaire antarctique, et s'approche du continent sans pouvoir l'atteindre.*

Après la Seconde Guerre mondiale, la marine américaine lance une expédition géante pour cartographier l'Antarctique et imposer sa présence : l'opération Highjump. Formée de 13 bateaux, 23 avions et 4 700 hommes, elle permet la réalisation de 70 000 photos aériennes couvrant 60 % de la superficie du continent, dont 25 % inexplorés.

D'octobre 1989 à mars 1990, l'expédition Transantarctica de Jean-Louis Étienne et de Will Steger traverse l'Antarctique avec un Russe, un Chinois, un Japonais et un Anglais en traîneaux à chiens et à skis, sur les traces d'Amundsen. Ce périple de 6 mois démontre l'intérêt de la collaboration internationale.

Les héros d'une course au pôle

Au début du XXe siècle, plusieurs tentatives vers le pôle, menées par les explorateurs britanniques Robert Falcon Scott et Ernest Shackleton, se soldent par des échecs. Tout s'accélère en 1911 lorsque deux expéditions partent presque simultanément : le Norvégien Amundsen, accompagné de quatre spécialistes du ski et des traîneaux à chiens, très expérimentés et adoptant le mode de vie des Inuits ; et l'Anglais Scott qui part une nouvelle fois avec des poneys et des marins. Amundsen et son équipe arrivent au pôle le 14 décembre, et retournent à leur point de départ en 99 jours, ayant parcouru 3 000 km. Scott n'atteint le pôle qu'un mois plus tard ; mais l'expédition britannique ne regagnera jamais son camp de base. Épuisés, affamés, gelés, tous les membres de l'équipage meurent dans des conditions terribles, mais deviennent de véritables héros dans leur pays.

Robert Falcon Scott est devenu un héros de la nation britannique après sa tragique disparition au retour du pôle Sud. Il incarnait les valeurs de la nation par son obstination, et son courage jusqu'aux derniers instants de sa vie.

Lorsque Amundsen arrive au pôle Sud, il sait qu'il vient de conquérir le dernier point emblématique de la planète et que Scott le suivra quelques jours plus tard. Il laisse derrière lui une tente avec un courrier précisant les détails de l'expédition.

L'ODYSSÉE DE L'ENDURANCE

*L'histoire de l'*Endurance *est l'une des plus incroyables aventures polaires. Après la conquête du pôle Sud, Shackleton organise en 1914 une expédition transantarctique au départ de la mer de Weddell et en mer de Ross. Par malheur, son navire, l'*Endurance*, est broyé par les glaces. Son équipage traverse la banquise avec deux chaloupes tractées, en dérivant des semaines jusqu'à l'île de l'Éléphant. De là, à bord d'un canot et accompagné de quelques hommes, Shackleton parvient à rejoindre la Géorgie du Sud, à 1 300 km. Il peut ensuite organiser le secours du reste de l'équipage qui sera récupéré en août 1916.*

Les chiens de traîneaux, longtemps utilisés pour l'exploration et la recherche scientifique en Antarctique, furent interdits en 1994. Ils ont la fâcheuse manie de chasser les manchots et d'importer des maladies transmissibles aux phoques. Les hivernants ont cependant beaucoup regretté la présence réconfortante du meilleur ami de l'homme.*

En 1928, l'Américain Wilkins est le premier à survoler l'Antarctique, suivi de Richard Byrd qui atteint le pôle Sud en 16 heures de vol aller et retour. Depuis ces temps héroïques, l'avion est largement emprunté et des vols réguliers relient la Nouvelle-Zélande et la base américaine de McMurdo.

Sur la trace des explorateurs

La liste des marins, des scientifiques, des baleiniers qui ont exploré les régions polaires est longue. Vainqueurs ou martyrs des pôles, la mémoire de leurs exploits continue d'inspirer ceux qui, aujourd'hui, marchent dans leurs pas.

Ayant accompagné son oncle John Ross dans plusieurs de ses expéditions, le Britannique **James Clark Ross** (1800-1862) découvre le pôle Nord magnétique au nord du Canada le 1er juin 1831. Pour compléter ses travaux sur le magnétisme terrestre, il repart vers l'Antarctique entre 1839 et 1843. Il explore toute la côte antarctique au sud de la Nouvelle-Zélande, donnant son nom à la mer de Ross.

Les deux explorateurs suédois **Adolf Erik Nordenskjöld** (1832-1901) et Otto Nordenskjöld (1869-1928), l'oncle et le neveu, s'illustrent également dans les régions polaires. Le premier réussit à franchir, en 1879, le passage du Nord-Est reliant le nord de l'Europe au Pacifique, en longeant les côtes de la Sibérie. Le second explore la côte est de la péninsule antarctique entre 1901 et 1903. Il y démontre les relations entre les roches antarctiques et celles d'Afrique et d'Amérique du Sud. Son bateau est détruit par les glaces, mais l'équipage est sauvé.

En 1770, Samuel Hearne (1745-1792), membre de la Compagnie de la baie d'Hudson, part pour un voyage de 18 mois à pied à travers la toundra, accompagné d'Indiens Cree. Il sera le premier Européen à rejoindre l'océan Arctique par la terre.*

Le Danois Knud Rasmussen (1879-1933) était parent avec les Inuits. Il passe sa jeunesse sur la côte ouest du Groenland. Il installe à Thulé un comptoir d'échanges avec les populations et organise de nombreuses expéditions ethnographiques en traversant tout l'Arctique canadien en traîneau à chiens.

Le Norvégien **Fridtjof Nansen** (1861-1930) est peut-être le plus grand des explorateurs polaires. Après avoir réussi la première traversée est-ouest du Groenland, c'est lui qui imagine et découvre la circulation des courants dans l'océan Arctique en dérivant à bord du *Fram* de 1893 à 1896. Il retourne à plusieurs reprises au Spitzberg et explore la Sibérie.

Le médecin français **Jean-Baptiste Charcot** (1867-1936) aime la mer et la navigation. En 1903, il part explorer la côte ouest de la péninsule antarctique, zone parsemée d'îles et d'îlots dont il établit la carte. Après un deuxième hivernage* en Antarctique, il parcourt le nord de l'Atlantique pendant vingt ans à bord du célèbre *Pourquoi-Pas ?* qui fait naufrage en Islande le 16 septembre 1936. On l'appelait "le gentleman des pôles".

Dès son plus jeune âge, **Roald Amundsen** (1872-1928) rêve de devenir explorateur polaire. Le Norvégien participe d'abord à l'expédition belge en Antarctique, de 1897 à 1899. Il est le premier à franchir le passage du Nord-Ouest en Arctique entre 1903 et 1906, à atteindre le pôle Sud en 1911, à tenter de voler en avion au-dessus de l'océan Arctique en 1925 et à le traverser en dirigeable en 1926. Il meurt deux ans plus tard dans un accident d'avion en allant secourir l'Italien Umberto Nobile perdu sur la banquise du Spitzberg.

En 1909, les Américains Peary et Cook se disputent le titre de vainqueur du pôle Nord. Il est aujourd'hui établi que ni l'un ni l'autre n'avait atteint le pôle ! Il faut attendre 1969 et le Britannique Wally Herbert pour être certain qu'un homme a bien rejoint à pied le point de 90° de latitude nord.

En 1934, le commandant Charcot dépose l'ethnologue français Paul-Émile Victor et trois de ses compagnons à Ammassalik, sur la côte est du Groenland. Ils y resteront une année, vivant au rythme de la population eskimo.

Des bateaux à l'assaut des glaces

La navigation polaire nécessite des navires adaptés et des capitaines expérimentés. De forme arrondie et maniables pour se faufiler entre les plaques de banquise à la dérive, ou puissants et solides pour fendre l'épaisse couche de glace, ces bateaux d'exception ne sont rien sans un équipage habitué à l'environnement polaire.

Le **kotch** est une petite embarcation que les chasseurs de la mer Blanche, au nord de la Russie, ont utilisé dès le XVIe siècle pour conquérir la côte de la Sibérie et installer des bases de chasse au Spitzberg. Parfaitement adapté à la navigation dans des conditions extrêmes, avec une coque arrondie comme un noyau d'olive, le kotch ne craignait pas la pression de la glace. Sa légèreté permettait aux marins de le tracter pour rejoindre un chenal.

Le ***Fram*** est le navire le plus mythique de l'exploration polaire, faisant honneur à son nom qui signifie "En avant" en norvégien. Conçu sur les indications du célèbre explorateur Fridtjof Nansen, il est pris dans les glaces en septembre 1893 et dérive pendant trois ans pour traverser l'océan Arctique. Nansen voulait ainsi prouver l'existence des courants marins sous la banquise (*voir p. 52*). Otto Sverdrup, son capitaine, l'utilise ensuite pour explorer le nord du Canada. Enfin, il sert de base de départ à Roald Amundsen pour rejoindre le pôle Sud de 1910 à 1912. Le *Fram* est aujourd'hui exposé à Oslo dans un musée qui lui est consacré.

Les premiers **brise-glaces** ont été construits en Russie vers 1880. Ces navires puissants et lourds montent sur la glace et la brisent sous leur poids. Leur étrave est massive et solide pour résister aux chocs violents. Les brise-glaces sont toujours utilisés dans le Nord canadien, et en Antarctique pour ravitailler les bases. Quant à ceux qui traçaient la route au nord de la Sibérie, ils servent maintenant au tourisme. Les brise-glaces nucléaires, interdits à la navigation en Antarctique, mais autorisés dans l'Arctique, brisent jusqu'à 6 m d'épaisseur de glace !

L'Erebus et le Terror, les navires de James Clark Ross disparus en 1845 dans l'Arctique canadien sous le commandement de John Franklin (voir p. 52), ont donné leur nom à deux volcans en Antarctique.

C'est à bord d'un bateau de 22 m de long, du nom de Gjöa, qu'en 1906 l'explorateur norvégien Roald Amundsen réussit à franchir le passage du Nord-Ouest (voir p. 53). Il aura fallu 500 ans et des dizaines d'expéditions pour cartographier ce passage entre l'océan Atlantique et l'océan Pacifique !

Vagabond est un petit bateau de 15,30 m de long à l'allure trapue. Remis à neuf en 2000, il est le premier navire à effectuer le tour de l'Arctique en deux étés successifs : il a d'abord relié la France au Pacifique, par le passage du Nord-Est, sur les traces de Nordenskjöld et de son navire, la *Vega* (*voir p. 53*). Puis, il a hiverné* au Kamtchatka avant de rejoindre l'Atlantique par le passage du Nord-Ouest, en octobre de l'année suivante. Avec sa coque ronde sans quille, il est conçu spécialement pour se faufiler à travers la banquise. Utilisé comme base scientifique, il est en hivernage sur la côte est du Spitzberg.

Tara, lancé en 1989 sous le nom d'*Antarctica*, a été conçu par l'explorateur français Jean-Louis Étienne pour dériver dans l'océan Arctique. Reprenant la forme du légendaire *Fram*, il est capable de se hisser sur la glace sous les effets de la pression – comme un noyau d'olive que l'on presse entre les doigts. Avec sa vaste coque bien aménagée, il peut accueillir un équipage et une équipe scientifique dans les meilleures conditions de vie possibles. En septembre 2006, *Tara* se fait enserrer par la banquise dans l'océan Arctique avec l'objectif de dériver sur 1 800 km.

L'Endurance est devenu célèbre, non pas pour ses succès, mais pour son naufrage ! Il fut broyé par les glaces de la mer de Weddell en 1914. Le sauvetage de son équipage, commandé par Ernest Shackleton, est l'une des plus étonnantes aventures polaires (voir p. 55).

Le brise-glace Krassin, construit en 1916, participa au sauvetage de l'expédition de l'Italien Nobile en 1928, dont le dirigeable s'était écrasé sur la glace près du pôle Nord. Le Krassin continua à naviguer dans les eaux de Sibérie jusqu'en 1960. Il a ensuite été transformé en musée dans le port de Saint-Pétersbourg.

Les Sames et les peuples sibériens

Les Sames, au nord de la Scandinavie, et les peuples nomades de Sibérie ont toujours vécu grâce au renne et pour le renne. Les modifications des modes de vie, mais aussi les bouleversements climatiques et politiques entraînent de nombreux changements.

Dans le Grand Nord scandinave

Les Sames ont longtemps été appelés Lapons, mais ce terme est à juste titre jugé trop méprisant : il signifie en effet “lambeau de tissu”. Ils habitent dans l’Europe nordique un vaste territoire qui s’étend sur la Norvège, la Suède, la Finlande et la Russie.

Les Sames demeurent très liés à leurs rennes, même si la vie moderne les éloigne toujours un peu plus de ces animaux.

Les nomades sibériens

En Sibérie, une trentaine de peuples distincts ont réussi à occuper la toundra* et la forêt boréale, appelée taïga. Parmi eux, les Dolgans, les Samoyèdes, les Nenets, les Evens, les Tchouktches et les Yakoutes. Éleveurs de rennes, chasseurs-cueilleurs à l’intérieur des terres et chasseurs de mammifères marins sur les côtes, ces peuples étaient à l’origine nomades. Quelques-uns le restent encore pour suivre leurs rennes, mais la plupart se sont sédentarisés.

L’habitation traditionnelle des Nenets est la tchoum, une tente conique en peau de renne à l’image du tipi amérindien.

Lorsque Jean-Baptiste-Barthélemy de Lesseps quitte l’explorateur La Pérouse au Kamtchatka en 1787, il s’engage dans un voyage de treize mois à travers la Sibérie pour rejoindre Versailles, accompagné de Yakoutes. Il est le premier Français à avoir utilisé des skis sur de vastes distances.

Pendant la Seconde Guerre mondiale, les Sames qui vivaient à proximité des frontières avec l’ex-Union soviétique recevaient de nombreux évadés. Obligés de les nourrir pour respecter les règles de l’hospitalité same, ils se trouvèrent contraints de se réfugier sur des îles afin de subvenir à leurs propres besoins.

Le renne, essentiel à la survie

Pour les Sames et les Tchouktches, la vie familiale s'est longtemps organisée autour de l'élevage des rennes : vivant sous une tente en peau de renne, chaussant des bottillons en peau de renne, mangeant leur viande... Aujourd'hui encore, les cycles de leur existence sont marqués par les déplacements de ces animaux qui changent de zone d'alimentation deux fois par an, comme le font leurs cousins les caribous, à l'état sauvage dans le Grand Nord canadien.

Les principaux ennemis des rennes sont le loup et le glouton. Ces deux carnivores sont attirés par le regroupement de nourriture que constituent les troupeaux de cervidés, et les éleveurs passent beaucoup de temps à éviter les attaques des meutes de loups. Malgré leur attachement à la nature sauvage et à la vie en forêt, les Sames ont gardé une animosité tenace envers ce prédateur. Espèce maudite qui tue les rennes, le loup est chassé par les Sames sans retenue : pour eux, un bon loup est un loup mort !

La peau de renne est la meilleure protection contre les températures extrêmes de l'hiver sibérien. Toute la famille nenet porte la "malitsa", la longue tunique avec capuchon et mitaines.

Les populations nomades qui doivent changer de région pour faire paître leur troupeau de rennes se déplacent sur un territoire deux fois grand comme la France.

UNE VIE SEMI-NOMADE

Actuellement, les Sames ne sont plus que 80 000. C'est l'élevage des rennes et la pratique de la langue same qui définit l'appartenance à cette communauté. Les peuples sibériens ont quant à eux subi de plein fouet les changements de régime survenus dans l'ex-Union soviétique. Obligés par le gouvernement soviétique de se regrouper pour élever les rennes, ravitaillés par l'État, ils doivent maintenant retourner à une vie semi-nomade sans pouvoir compter sur l'aide alimentaire et médicale du nouveau pouvoir russe.

Le chaman médiateur

Pour ces peuples animistes, c'est-à-dire qui attribuent une âme à la nature, les chamans – hommes ou femmes – avaient une grande importance. Ces "sorciers" intervenaient auprès des forces de la nature pour guérir maladies et blessures, communiquer avec ces forces ou transmettre des messages à l'au-delà (*photo ci-contre*). Les missionnaires chrétiens et le gouvernement soviétique ont interdit ces pratiques et conduit à la disparition de rites parfois millénaires.

Les éléments les plus remarquables de l'habillement des Sames et des peuples sibériens sont sans aucun doute leurs bottes fabriquées par les femmes. Indispensables pour se protéger du froid, ces bottes en peau sont aussi représentatives de leur artisanat. Chaque groupe a son style, sa couleur, sa forme...

Dès que les Russes ont envahi la Sibérie, au XVIIe siècle, ils ont soumis les peuples sibériens au yasak, un impôt qui devait être payé sous forme de fourrures. Les populations étaient obligées de se consacrer à la traque des animaux à fourrure plutôt que de chasser pour nourrir les leurs.

Les Inuits, chasseurs du Grand Nord

Les Inuits qui peuplent actuellement le nord du Canada, le Groenland et l'extrême pointe de la Sibérie sont les descendants des derniers peuples sibériens à avoir migré vers l'est. Ils se sont adaptés au climat extrême, à la banquise et au rythme du jour et de la nuit polaires.

Le chasseur inuit est très endurant. Dès le plus jeune âge, il s'entraîne à résister au sommeil. Adulte, il peut rester 72 heures en activité. Mais dès qu'il s'arrête pour se reposer, il dort jusqu'à 18 heures sans bouger. C'est pourquoi l'usage veut que l'on ne réveille pas un Inuit qui dort.

Le 1er avril 1999, une nouvelle province du Canada était inaugurée : le Nunavut, "notre terre" en inuktitut, la langue des Inuits du Canada. Cette province est gérée par un gouverneur d'origine inuit assisté d'un Conseil. Ce nouveau statut redonne fierté à ce peuple.

Des hommes sur la banquise

Quand l'Eurasie et l'Amérique étaient reliées par un isthme* au niveau de l'actuel détroit de Béring, des populations humaines et animales sont venues peupler les immensités du continent américain. Depuis 11 000 ans et par vagues successives, elles ont avancé toujours plus loin vers l'est pour s'arrêter au Groenland. Chaque nouvelle population se mêlait ou repoussait la population en place, apportant avec elle son savoir-faire. Au sud, ces peuples étaient stoppés par la présence de tribus amérindiennes implantées dans la forêt boréale depuis les premières migrations. Pour s'installer, il leur restait la toundra* et... la banquise.

Tout seuls...

Pendant longtemps, jusqu'au début du XVIe siècle, les Inuits ont vécu sans aucun contact avec les Occidentaux. À côté des animaux, ils étaient les seuls "hommes" (ce que signifie d'ailleurs le terme *Inuits* dans leur langue). Sur les côtes, ils vivaient de la chasse aux phoques ou à la baleine. À l'intérieur des terres, c'est le caribou qui leur fournissait la viande pour se nourrir, la peau pour se protéger du froid, les os pour fabriquer des outils.

... jusqu'au jour où...

L'arrivée des Occidentaux, et des baleiniers en particulier, bouleversa leur mode de vie. Pour faire face à la rareté accrue des baleines, les Inuits ont dû adapter leurs techniques de chasse. Mais les fusils, les pièges et les nouveaux produits occidentaux les rendirent dépendants des Européens (*voir p. 51*). La sédentarisation – plus ou moins forcée par les comptoirs d'échanges de la Compagnie de la baie d'Hudson et les missionnaires – fut à l'origine d'épidémies, de famine, d'une perte des repères... Malgré ces modifications rapides, des enfants naissaient encore sous la tente il y a 50 ans.

Les Inuits tentent aujourd'hui de conserver leurs connaissances sur la nature qui les environne, et de réussir une synthèse entre monde moderne (internet, le numérique) et savoir ancestral.

Les Inuits tentent d'allier la modernité et leur connaissance d'un milieu extrême. Le savoir ancestral peut fort bien cohabiter avec les nouvelles technologies.

Le kayak, symbole des Inuits, fut inventé en Sibérie il y a plus de 5 000 ans. Rapide, maniable et facile à construire avec les matériaux disponibles sur les côtes, il permit aux chasseurs inuits de s'attaquer aux phoques, aux narvals et même aux morses.

Les enfants inuits sont rois. Ils sont libres de jouer jusqu'à 2 heures du matin lorsque le jour est permanent. Le peuple du Nunavut est l'un des plus jeunes au monde : 37 % de la population a moins de 14 ans. Comme ils sont 26 000 sur un territoire qui fait 4 fois la France, les générations futures auront de la place !

Des chercheurs sur la banquise

Les travaux scientifiques dans les régions polaires se divisent en deux catégories : les recherches qui s'intéressent aux régions elles-mêmes pour mieux en comprendre la géologie et la biologie, et celles menées dans les zones polaires car elles sont des positions idéales pour l'étude de notre planète.

Sur l'Île du Prince-de-Galles, au Canada, un scientifique examine les conditions de formation de la glace dans le détroit de Peel.

Une intuition géniale est parfois à l'origine de découvertes majeures. Le géophysicien français Claude Lorius, qui inventa la technique du carottage, eut ainsi l'idée d'étudier l'air contenu dans les glaces polaires après avoir observé des bulles d'air "éclater lorsqu'un glaçon fond dans un verre de whisky".

En 1985, le trou d'ozone est découvert depuis la base anglaise de Faraday. Ce phénomène, d'abord cyclique mais désormais observé en permanence, révèle que les gaz contenant du fluor et du chlore détruisent la couche d'ozone qui nous protège des rayons ultraviolets du Soleil.

Une quête scientifique

Dès 1818, les premières expéditions de John Ross ont pour objectif d'établir un inventaire biologique et géologique de l'Arctique. Mais c'est à partir de 1882-1883, date de la première Année* polaire internationale, que la recherche polaire évolue réellement. Cet événement est initié par un explorateur autrichien, Karl Weyprecht, pour coordonner les recherches géophysiques de plusieurs pays. Dès lors, toutes les expéditions (à l'exception de celles de Peary, d'Amundsen et de certaines de Scott, dirigées vers la conquête des pôles) ont pour but la recherche scientifique au sens large : de l'astrophysique, qui s'occupe des phénomènes de l'univers, aux sciences sociales, qui s'attachent aux relations des hommes entre eux.

La découverte de fossiles de plantes en Antarctique a permis de confirmer la connexion de ces terres avec le continent africain, il y a 50 millions d'années.

Les traces fossiles

En 1903, les recherches menées durant l'expédition d'Otto Nordenskjöld en péninsule Antarctique établissent que ces terres étaient auparavant habitées par des reptiles et couvertes de forêts. Des fossiles, identiques à ceux retrouvés en Afrique, suggèrent que les continents ont dérivé. Les expéditions suivantes, de Shackleton et Scott, mettent à jour d'autres fossiles à différents endroits de l'Antarctique, qui confirment le phénomène de la tectonique* des plaques.

Sur l'île Paulet, à proximité de la péninsule Antarctique, subsistent les ruines de la cabane où les membres de l'expédition Nordenskjöld trouvèrent refuge au début du XXe siècle.

De nombreuses mesures peuvent être faites sous la banquise : salinité (pourcentage de sel dans l'eau), température, vitesse des courants, etc.

UN TRAVAIL D'ÉQUIPE

Les recherches polaires modernes nécessitent la mise en commun des compétences et des moyens logistiques : bases permanentes (photo ci-dessous), hélicoptères, bateaux… Ainsi les Français et les Russes collaborent à des opérations de carottage en Antarctique, aidés par la logistique américaine. Quant au projet européen Damocles, il rassemble 19 pays durant l'Année polaire 2007-2009, avec pour objectif de mieux comprendre le comportement de l'océan Glacial Arctique. Au total, cette nouvelle année polaire mobilisera 20 000 scientifiques issus de plus de 30 pays, et sera coordonnée par l'association météorologique internationale.

Un continent en partage

La deuxième Année polaire internationale, en 1932-1933, permet d'initier des travaux sur la météorologie, l'atmosphère et le magnétisme terrestre, grâce à des expéditions au centre du Groenland et en Antarctique. Pas moins de quarante nations sont engagées dans cette recherche polaire.

L'Année* géophysique internationale 1957-1958, qui voit la participation de 80 000 scientifiques, marque le début des recherches modernes. L'utilisation des techniques militaires, issues de la Seconde Guerre mondiale, ouvre de nouvelles possibilités d'investigation. Ainsi, l'épaisseur de la calotte* de glace antarctique est cartographiée, les hautes couches de l'atmosphère où se déploient les aurores polaires sont étudiées. Le 1er décembre 1959, la signature du Traité de l'Antarctique donne un cadre réglementaire à ces initiatives : il protège le continent et le consacre à la science.

Durant l'expédition de Robert Falcon Scott en Antarctique en 1911, l'équipe du naturaliste Edward Wilson décida de visiter une colonie de manchots empereurs. L'expédition dura 36 jours dans des conditions épouvantables de froid et de faim, et Wilson ne ramena que trois œufs, sans rien trouver de nouveau…

Les recherches menées en Antarctique sur les bactéries qui vivent dans des conditions extrêmes sont utilisées dans des domaines d'application variés : des préparations alimentaires, la fabrication de détergents ou la détection de pollution.

Les bases polaires

Construites à partir du début du XXe siècle, les bases sont des installations plus ou moins provisoires créées par des explorateurs ou des scientifiques qui n'habitent pas en permanence dans les régions polaires. Ce sont des tentes, des cabanes ou des bâtiments en dur.

À la base chilienne Gonzalez Videla, en 1976, un médecin, qui venait d'arriver pour un an, ne supporta pas l'isolement. Pour déclencher les secours avant l'hiver et se faire rapatrier au pays, il mit le feu à la base, qui fut détruite !

En 1957, les Français installèrent une petite base à 300 km de la côte antarctique, en terre Adélie. Durant l'hiver, aucune liaison radio ne fut possible avec la station côtière suite à une panne électrique. Il fallut 3 semaines aux occupants de la station côtière pour rejoindre la base et constater que... tout allait bien !

La base Scott appartient à la Nouvelle-Zélande. Elle se situe à quelques kilomètres de la base américaine de McMurdo, le point le plus austral qui puisse être atteint avec un brise-glace.

Bases de départ

Les premières installations humaines dans les régions polaires étaient destinées à préparer de grandes expéditions vers les pôles. Il s'agissait de structures préfabriquées : en quelques jours, une habitation était montée pour une équipe entière. Bien que provisoires au départ, les cabanes construites par Shackleton et Scott en Antarctique sont toujours en état *(voir p. 55)*. Cent ans après, tout est intact : on peut même y trouver des boîtes de conserve et des fromages hollandais !

Les pionniers américains et russes

Les Américains établissent la première véritable base polaire en Antarctique en 1929 et la baptisent *Little America*. En 1937, les Soviétiques inventent les bases dérivantes dans le Grand Nord : des scientifiques s'installent sur la banquise en dérive pour étudier les courants marins, le relief du fond marin, la météorologie, la faune, etc. Ces bases ont livré une somme extraordinaire de données sur la vie dans les milieux extrêmes.

Avec l'Année* polaire internationale de 1957-1958, de nombreux pays installent des bases en Antarctique. Destinées à la recherche, elles sont aussi une façon de réclamer sa part d'un continent sans propriétaire.

Au XXIe siècle

Il existe aujourd'hui 43 bases en Antarctique, gérées par 18 pays et regroupant 1 200 personnes durant l'hiver. Elles hébergent deux types de personnel : les hivernants*, qui passent tout l'hiver et deux étés, soit une quinzaine de mois sur place ; les équipes d'été, réunies durant quatre mois, qui profitent des jours les plus chauds et ensoleillés pour leurs études.

Dans l'Arctique, les bases se concentrent sur l'île du Spitzberg, au nord de l'Europe. Dans ces laboratoires, des pays européens collaborent aux études sur le réchauffement climatique. En fonction des moyens financiers mis à leur disposition, les bases peuvent être de simples containers reliés par des couloirs ou de petites villes avec supermarché, bar et distributeur de billets. Aujourd'hui, les technologies modernes de communication contribuent à réduire l'isolement des "polaires".

Entre mai 1937 et février 1938, la base dérivante dirigée par le Russe Ivan Papanine parcourut 2 750 km sur l'océan Arctique en se laissant porter par la banquise. Durant leur dérive, les scientifiques étudièrent la profondeur de l'océan, sa salinité, la vitesse des courants marins…

Trois médecins de la base Amundsen-Scott au pôle Sud ont dû être évacués dans des conditions extrêmes : en 1999, Jerri Nielsen pour un cancer, son successeur Robert Thomson pour une chute grave et, en 2001, le docteur Shemenski pour un cancer également.

Par mer, par air ou par terre...

Les régions polaires sont de vastes espaces dans lesquels il est bien difficile de se déplacer. Les premiers habitants de l'Arctique migraient à pied à travers la toundra*. Les conquérants du pôle Sud ont tenté l'impossible en marchant ou en s'aidant de traîneaux à chiens. Depuis, les moyens de déplacement ont bien évolué...

Le **kayak** est l'embarcation traditionnelle des chasseurs du Grand Nord. De la Sibérie au Groenland, on en trouve des dizaines de modèles différents, allant d'une longueur de 2,50 m à plus de 6 m. Rapide pour poursuivre le narval ou l'ours, léger pour être porté sur la glace, et maniable par mauvaise mer, le kayak est parfait pour visiter les côtes arctiques en autonomie (c'est-à-dire sans dépendre d'un ravitaillement).

Les **traîneaux à chiens** ou à rennes sont encore utilisés dans certaines régions du Grand Nord, au Canada et au Groenland. Ce mode de transport très ancien nécessite une grande connaissance des animaux de trait qui tirent le véhicule : les chiens en groupe sont toujours prêts à batailler, et les rennes s'arrêtent partout où ils peuvent trouver à se nourrir. Cependant, quelques Inuits préfèrent encore partir sur la banquise avec des chiens qui, contrairement aux motoneiges, ne tombent pas en panne et ont la capacité de détecter les fractures dans la banquise.

À partir des années 1950, la **motoneige** a rapidement remplacé les traîneaux. En plus du gain de vitesse et de puissance, ce véhicule ne demande pas d'entretien durant l'été, alors qu'auparavant il fallait nourrir les chiens même lorsqu'ils ne travaillaient pas. La motoneige permet de franchir de grandes distances, mais a aussi les inconvénients d'une voiture : elle peut tomber en panne en pleine banquise ! Les Inuits sont ainsi devenus maîtres en mécanique sur glace : ils réparent un moteur en un après-midi.

En 1897, le Suédois S. A. Andrée décide de traverser l'Arctique en ballon à air chaud, mais s'écrase sur la banquise. Après avoir tenté de redescendre vers le sud à pied, il meurt sur une île au nord du Svalbard, ainsi que ses deux coéquipiers ; leurs corps et leurs récits de voyage ne furent retrouvés que 33 ans plus tard.

En 1926, à bord du ballon dirigeable le Norge, *le Norvégien Roald Amundsen, accompagné de l'Italien Umberto Nobile, réussit à traverser l'océan Arctique en 72 heures, du Spitzberg à l'Alaska, en survolant le pôle. Deux ans plus tard, l'Italien s'écrase au nord du Spitzberg avec un autre dirigeable, l'*Italia.

Pour déplacer le personnel des expéditions avec son matériel, il faut avoir recours à des **avions** capables de se poser dans la toundra, sur la glace ou sur les lacs. Puissants et maniables, ces engins ont permis de nombreuses explorations mais aussi beaucoup de missions de secours. Leurs pilotes doivent être très expérimentés pour faire face aux difficultés liées aux tempêtes de neige et aux modifications de la glace.

L'**hélicoptère** s'est imposé comme le moyen de déplacement incontournable pour les recherches polaires durant l'été. Véritable machine à tout faire, il transporte les scientifiques et leurs instruments, et peut être équipé d'appareils de mesure. Les biologistes l'utilisent pour traquer la faune, tirer des seringues hypodermiques et marquer les animaux ainsi endormis. Mais cet engin a des limites et ne peut pas voler par toutes les conditions météorologiques.

Plusieurs types de gros **véhicules à chenilles** ont été expérimentés pour voyager dans les régions polaires. Ce sont les "camions de la glace", capables de parcourir de longs trajets dans des conditions extrêmes et de tracter des remorques lourdement chargées. Ils sont très utilisés en Antarctique pour installer et ravitailler les bases sur la calotte* polaire.

Le premier survol de l'Antarctique en avion a été réalisé lors d'une expédition entre 1935 et 1936, par l'Américain Lincoln Ellsworth. Il est désormais possible de se rendre en Antarctique en avion depuis la Nouvelle-Zélande, les îles Falkland ou le Chili.

Entre le 4 novembre 1997 et le 10 février 1998, l'explorateur belge Alain Hubert traverse l'Antarctique, tracté par une voile. Avec son coéquipier, ils parcourent 3 924 km. En 2006, une expédition espagnole, avec traîneau et tente, parcourt 4 500 km en 63 jours, également propulsée par des voiles.

La planète se réchauffe...

Les régions polaires se réchauffent très vite... Beaucoup trop vite pour que les espèces vivantes évoluent ou modifient leur comportement. Plantes et paysages, hommes et animaux, sont soumis à de vastes mutations.

Fin octobre 2006, sur la côte ouest de la baie d'Hudson. À cette époque de l'année, l'ours se désaltère habituellement en mangeant de la neige. Le réchauffement climatique change la donne : seules quelques flaques d'eau ponctuent le paysage.

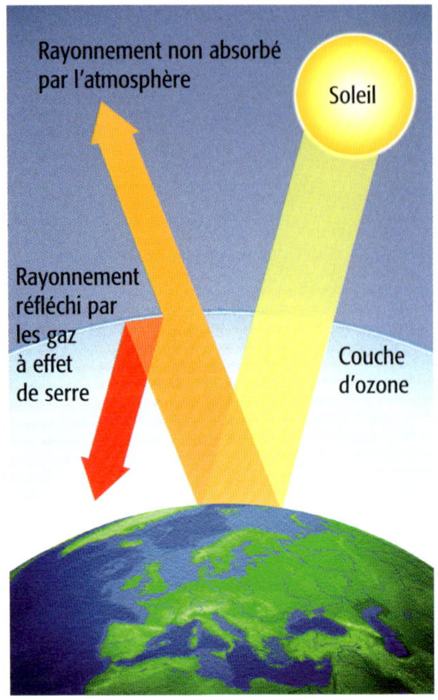

Réaction en chaîne

Bien qu'il s'agisse d'un phénomène mondial, le réchauffement est trois fois plus rapide dans les régions polaires que sur le reste de la planète. En cinquante ans, il a déjà atteint 3 °C à certains endroits de la péninsule Antarctique ou dans le Grand Nord canadien. Les températures les plus chaudes de l'été accélèrent la fonte des glaciers. La banquise a perdu plus de 40 % de son épaisseur et 10 % de sa superficie. Son cycle en est bouleversé : elle se disloque plus tôt à la fin du printemps, et se forme plus tard avant l'hiver (*voir DVD, chap. 2*). De même, le sol gelé – le permafrost – se fend sur une profondeur plus importante pendant les mois de grosse chaleur. Or ce sol, congelé depuis la dernière glaciation, renferme de nombreux débris organiques qui, en dégelant, se décomposent et rejettent du gaz carbonique. Or ce gaz accentue l'effet de serre à l'origine du réchauffement...

LES GAZ À EFFET DE SERRE

Partout dans le monde, une augmentation rapide de la température, en moyenne de 0,6 °C sur les cinquante dernières années, présage des modifications significatives des climats. Cette élévation, qui dépasse ce que les cycles géologiques ont pu connaître, montre que leurs causes principales sont liées aux activités humaines.
En effet, la combustion des carburants fossiles (charbon, pétrole et gaz) produit du gaz carbonique... qui a la propriété de bloquer l'énergie solaire réfléchie par la Terre, et d'augmenter la température de l'atmosphère.

Le réchauffement est à l'origine de l'instabilité des conditions météorologiques sur la planète Terre. Il pleut plus souvent, les vents violents sont imprévisibles, et les variations de température dans une même région peuvent être considérables.

En l'an mille, le climat du Groenland était bien moins polaire. Au point que les Vikings l'ont appelé "la Terre verte" (en danois, Grønland). Avec le réchauffement, l'élevage et la production de fourrage y sont à nouveau en plein essor.

Une toundra désertée

Les conséquences du réchauffement sont multiples. La toundra* disparaît devant l'avancée de la forêt boréale, qui s'étend toujours plus loin vers le nord. Les rennes et les caribous ne retrouvent plus leurs voies habituelles de migration (*voir DVD, chap. 8*). Les renards roux envahissent progressivement le territoire des renards polaires (*voir DVD, chap. 10*). Les modes de vie des éleveurs se transforment aussi, car les maisons construites sur le permafrost s'enfoncent sous leur propre poids. Quant aux petits lacs peu profonds de la toundra, ils s'assèchent très vite.

Si la fonte de la banquise les a entraînés trop au large, les ours polaires doivent produire plus d'efforts pour rejoindre la côte, et ils risquent la noyade (voir DVD, chap. 5).

Des failles dans la banquise

La banquise subit des chutes de neige en abondance, et s'enfonce sous le poids. Aussi isolante qu'une veste en duvet, la neige réduit également les échanges avec l'atmosphère. Or, c'est par conduction que l'air refroidit l'eau. La croissance de la croûte de glace s'en trouve limitée. Celle-ci, rendue instable, empêche les liaisons entre les habitants des villages arctiques qui passaient sur la glace de mer ou sur les grands fleuves de Sibérie. En même temps, la disparition de la banquise raccourcit les périodes de chasse. Les ours polaires la voient s'évanouir sous leurs pattes dès le mois de juin, période durant laquelle ils devraient s'alimenter abondamment pour affronter l'été, synonyme pour eux de privation de nourriture (*voir p. 28-29*).

Les glaciers du sud du Groenland ont beaucoup reculé ces cinquante dernières années. Si toute la glace du Groenland venait à fondre, le niveau des mers monterait de 6 m.

Sous l'effet de la disparition de la banquise, le pont qui reliait les communautés inuits fond, ne leur permettant plus de voyager durant l'hiver. Là où le traîneau et la motoneige circulaient, il faut maintenant emprunter un bateau.

En péninsule Antarctique, l'humidité progresse avec l'augmentation de la température moyenne. Les jeunes poussins, couverts d'un duvet qui les protège du froid, sont maintenant mouillés par la pluie. S'il gèle alors qu'ils sont trempés, la glace risque de les tuer.

L'avenir des pôles

Dans son roman *Sans dessus dessous*, Jules Verne imagine que des industriels modifient l'axe de rotation de la Terre pour faire fondre la banquise arctique et exploiter les ressources minières du Grand Nord. Les perturbations climatiques et l'évolution technologique donnent presque raison au grand romancier...

La centrale thermique de Longyerben, capitale administrative du Spitzberg, produit de l'électricité à partir du charbon extrait sur place. Les combustibles fossiles sont pourtant la première cause de production de gaz carbonique, ce qui accélère l'effet de serre.

Voie ouverte à l'industrie

Le réchauffement planétaire est certainement le problème le plus grave auquel sont confrontées les régions polaires, parce qu'il modifie l'environnement, mais aussi parce qu'il favorise le développement de nouvelles industries. Au nord de l'Alaska, par exemple, une large zone, qui renferme de grandes quantités de pétrole et de gaz, bénéficie encore d'un statut de territoire protégé. Des projets d'exploitation sont néanmoins envisagés. Le transport du gaz pourrait se faire par un gazoduc le long du fleuve Mackenzie, le plus long de l'Arctique canadien. Ces grands serpents d'acier bloquent le transit de la faune, des rennes en particulier, et constituent des risques importants de pollution.

L'oléoduc qui traverse l'Alaska du nord au sud sur plus de 1 200 km ne sera bientôt plus le seul : d'autres projets du même type existent pour transporter le gaz et le pétrole extraits dans le nord du Canada ou de la Sibérie.

UN CAS DE CONSCIENCE

Le développement de l'industrie minière est à l'origine de conflits entre les communautés autochtones. En effet, certaines pensent à la création d'emplois et à l'argent, d'autres s'interrogent sur la destruction des milieux naturels pour exploiter des ressources non renouvelables.

En Sibérie, la ville de Norilsk bat tous les records de pollution de Russie. On y exploite la plus grande mine de nickel du monde. Tout est pollué : la neige, les cours d'eau... et les habitants, qui ont une espérance de vie inférieure de 10 ans à celle de leurs concitoyens.

Le charbon du Spitzberg, l'un des meilleurs au monde, est très convoité depuis que l'on sait que les réserves en combustibles fossiles (comme le pétrole ou le charbon) seront épuisées à l'horizon 2050. Plus rares, donc plus chers, ces combustibles attirent les investisseurs et les entraînent vers des gisements difficiles à exploiter.

Comme ici en Antarctique, l'accès des régions polaires est rendu plus facile par le réchauffement climatique, qui crée des brèches dans la banquise. Certaines activités, comme le tourisme polaire, en bénéficient, mais également l'industrie pétrolière et minière…

L'avenir noir du pétrole

C'est en 1969 que le passage du Nord-Ouest est franchi pour la première fois par un tanker chargé de pétrole, le *Manhattan*. Cet essai, resté sans suite, prouve que le passage est réalisable par de tels bateaux, bien que difficile.

Le réchauffement facilite de plus en plus l'accès de ce passage : moins de banquise permettrait à des pétroliers de transiter entre le nord de l'Alaska et l'Atlantique. Déjà, des compagnies s'y intéressent ; mais cette nouvelle ligne maritime ferait courir un danger important à tout l'écosystème du Grand Nord canadien. Une marée noire de grande ampleur ne pourrait pas être stoppée et nettoyée rapidement : les phoques, les ours polaires et les oiseaux marins paieraient alors un très lourd tribut au développement de ces activités.

Des richesses convoitées

Les explorations minières se sont accélérées dans l'Arctique. Les géologues recherchent des métaux comme le zinc, le titane, le nickel, des métaux précieux comme l'or et l'argent et, bien sûr, du pétrole et du gaz. La découverte de nombreux filons de diamants au Labrador et dans les Territoires du Nord-Ouest au Canada occasionne l'ouverture de vastes carrières au milieu de la toundra*. D'énormes engins, gros consommateurs d'énergie et très bruyants pour la faune environnante, sont utilisés.

En Sibérie, l'exploitation du gaz est une ressource capitale. Pour le transporter, il faut construire des pipelines (longs conduits) de plusieurs milliers de kilomètres qui alimentent l'Europe. Mais autour de ces canalisations géantes, le permafrost dégèle plus vite et déstabilise les structures des gazoducs.

Dans le Grand Nord canadien, la mine de zinc Polaris, qui fut en service durant 21 ans, a été complètement démantelée. Pendant 2 ans, une équipe a découpé tous les éléments de la mine et enfoui les morceaux dans les puits. Il ne reste plus rien en surface, ce qui est très positif pour l'environnement.

Une partie du pétrole disponible dans le sous-sol de l'Alaska est exploitée par les États-Unis. Un pipeline relie les puits du nord de cet État au sud, où le pétrole est chargé dans les cuves des pétroliers. Cet énorme tuyau barre la route de migration des caribous et perturbe leur cycle annuel.

Les pôles imaginaires

Les pôles fascinent : milieu extrême où guette l'ours polaire, où la banquise s'ouvre sous les pas des explorateurs, où vivent de "petits hommes étranges" mangeurs de viande crue. Très éloigné de notre quotidien, le Grand Nord est, en particulier, à l'origine de nombreux mythes, légendes et romans.

La légende de la licorne

Pendant longtemps, la licorne – ce cheval blanc munie d'une longue corne sur le front – anima les conversations des cours royales d'Europe. On prêtait à sa défense la vertu de donner longévité et fidélité. Boire dans une coupe en corne de licorne était supposé protéger contre les effets des poisons. Vendue plus chère que l'or, cette corne était en réalité celle du narval – la licorne des mers arctiques – et n'avait... aucune propriété magique !

Le funeste augure des aurores boréales

Autrefois, les aurores boréales étaient considérées comme de mauvais présages dans les pays européens, où l'on ne pouvait en apercevoir que très rarement les effets. Dans la mythologie germanique, les aurores représentent la chevauchée des Walkyries : des déesses de la guerre qui viennent enlever les guerriers sur les champs de bataille. En France et en Italie, les aurores boréales, souvent de couleur rouge, étaient supposées annoncer la guerre et la venue des Barbares.

De grandioses décors de romans

Dans plusieurs de ses romans, Jules Verne fait référence aux pôles. Il utilise toutes les ressources des récits d'explorateurs dont il dispose pour entraîner ses héros dans des aventures incroyables. Mais les pôles ne sont que des décors : ce qui importe est ailleurs. Dans ces milieux extrêmes, les héros du *Sphinx des glaces*, des *Aventures du capitaine Hatteras* ou du *Pays des fourrures* démontrent leur bravoure et leur sens de l'organisation pour vaincre la nature sauvage et lugubre.

Des peintres, comme le Français Biard, l'Américain Church ou l'Allemand Friedrich ont été inspirés par la désolation des régions polaires décrite par les explorateurs. Avant l'invention de la photographie, ils ont révélé au grand public la beauté des lumières et des paysages ainsi que l'angoisse des aventuriers.

Les peuples du Grand Nord véhiculaient des légendes et des histoires liées à la nature. Les Inuits vénéraient Sedna, la déesse des Océans, mi-phoque, mi-femme. Elle assurait la réussite des chasses et était respectée comme une bonne divinité... même si elle les privait parfois de phoques.

LES PÔLES ? QUEL CINÉMA !

Georges Méliès, l'inventeur des effets spéciaux au cinéma, réalise en 1912 un film satirique : *À la conquête du pôle*, où l'on peut voir un certain professeur Maboul mettre au point un aérobus pour parvenir à ses fins. À cette époque, la course au pôle Sud bat son plein et Charcot a déjà hiverné* deux fois en Antarctique. Pour le public, les régions polaires sont des lieux irréels, déserts et sans véritable intérêt : si les polémiques relatives à leur découverte passionnent (*voir p. 55*), elles sont en même temps tournées en dérision.

UNE SOURCE D'INSPIRATION POUR LES PLUS GRANDS

Au XIXe siècle, Edgar Allan Poe situe *Les Aventures d'Arthur Gordon Pym* au pôle Sud. On y découvre une mer libre au-delà de la côte glacée du continent antarctique. Certains pensaient alors qu'une telle mer existait au centre de l'océan Arctique. Le roman de Poe a été traduit en français par Charles Baudelaire en 1837. *Le Sphinx des glaces* de Jules Verne en est la suite.

Les premiers voyageurs des régions polaires avaient tendance à en rajouter lorsqu'ils faisaient le récit de leurs expéditions. En 1576, le Britannique Frobisher prétend avoir trouvé de l'or dans le Grand Nord canadien. En 1772, au retour des îles qui portent son nom, le Français Kerguelen affirme que ces terres australes sont cultivables.

Certains cinéastes ont utilisé les régions polaires comme cadre pour leurs œuvres. Les Inuits ont réalisé un film primé au Festival de Cannes en 2001 : Atanarjuat, la légende de l'homme rapide. *Le héros de l'histoire échappe à ses tueurs grâce à l'intervention d'un chaman qui l'aide à courir vite et à disparaître.*

Lexique

Année géophysique internationale, Année polaire internationale
Période de plusieurs mois, déterminée par un groupe de scientifiques spécialisés dans l'étude des régions polaires. Elle est destinée à produire un effort de recherche important grâce à une collaboration internationale organisée.

biodiversité
Ensemble des êtres vivants (plantes et animaux) caractéristique d'un milieu ou d'une région donné.

calotte
Couche de glace épaisse de plusieurs milliers de mètres, recouvrant le continent antarctique et le Groenland.

cercle polaire
Parallèle, ou petit cercle de la sphère terrestre, correspondant aux régions polaires où pendant au moins une journée le soleil ne se lève pas en hiver et ne se couche pas en été.

cétacé
Grand mammifère aquatique possédant une nageoire caudale. Les cétacés regroupent deux sous-ordres : les dauphins (odontocètes) et les baleines (mysticètes).

fjord
Profonde vallée étroite et allongée aux parois escarpées, creusée par les glaciers puis envahie par la mer. On peut en voir en Scandinavie, en Écosse, au Spitzberg...

hivernage, hiverner
Période de l'année durant laquelle les mauvaises conditions météorologiques ne permettent pas aux navires de se déplacer. C'est un temps de relâche pour les marins.

inlandsis
Synonyme de calotte polaire.

isthme
Langue de terre prise entre deux mers. L'isthme permet à un continent de relier une île, ou une presqu'île.

latitude
Position d'un point à la surface de la Terre, à partir de laquelle on mesure la distance qui le sépare de l'équateur. Cette distance est calculée en degrés. L'équateur est à 0° de latitude, Paris à 48° de latitude nord et les pôles Nord et Sud respectivement à 90° de latitude nord et sud.

magma
Bouillie épaisse et pâteuse issue de la fusion des roches du manteau ou de la croûte terrestre. Si le magma atteint la surface, on parle de lave.

méridien
Arc imaginaire, passant par les deux pôles terrestres. Le méridien de référence, ou méridien d'origine, passe par Greenwich à côté de Londres.

moratoire
Décision légale de deux parties (ou pays) pour reporter l'exécution d'une action. Il peut, par exemple, concerner l'exploitation d'un territoire (protection de l'Antarctique) ou d'une ressource (protection des baleines).

nicher, nidifier
Faire un nid. La **nidification** est la construction du nid.

photosynthèse
Réaction physicochimique qui permet à la chlorophylle des plantes, grâce à la lumière et à un apport d'humidité, de transformer le gaz carbonique en matières constituant les végétaux.

phytoplancton
Ensemble d'organismes de petites tailles (crustacés, vers marins) vivant en suspension dans la mer. Le phytoplancton est essentiellement composé de plantes (algues).

plateau continental
Partie relativement plane noyée dans la mer à faible profondeur (quelques dizaines de mètres). Le plateau continental prolonge les continents.

solstice
Période de l'année où la hauteur du soleil atteint son point maximal d'éloignement par rapport à l'équateur. Le solstice d'hiver, correspondant au jour le plus court dans l'hémisphère Nord, a lieu le 21 ou le 22 décembre. Le solstice d'été, correspondant au jour le plus long dans l'hémisphère Nord, a lieu le 21 ou le 22 juin.

tectonique
Mouvement des plaques continentales qui forme et déforme la croûte terrestre.

toundra
Mot d'origine russe qui désigne des grandes plaines dont le sol est gelé en profondeur une partie de l'année. La végétation y est limitée ; seuls la mousse, les lichens et les graminées s'en accommodent.

tourbière
Gisement de matières végétales décomposées.

Index

Références iconographiques

Tous les documents iconographiques sont de Rémy Marion sauf :

1re de couverture : dessin : C. Jégou – page de titre b : P. Vernay / Polar Lys / Bios – 5 bg : M. Sinier – 6 hg et hd : L. Schlosser – bg : C. Marion ; bd : P. Basset / NPL / Jacana – 7 bd : F. Vasseur / Bios – 10 h : Nasa ; 10-11 : C . Marion – 12 : M. Sinier – 16 hd : M. Sinier – 18 bd : M. Sinier – 19 : S. Cordier / Phone – 20 : L. Schlosser – 23 h : M. Sinier – 24 h : F. Bruemmer / Bios – 25 hg : A. Torterotot / Bios ; md : C. Marion – 26 g : J.-P. Ferrero / Bios ; bd : J. Van Arkel / Fotonatura / Bios – 27 g : Volvox / Sunset – 31 h : F. Gohier / Bios – 33 : B. Cole / Bios – 35 hd : F. Bruemmer / Bios – 36 hg : Animals Animals / Sunset – 44 b : G. Marion – 45 h : G. Marion – 46 : D. Delarue / Bios – 47 m : N. Gasco / Bios – 48 g : Roger-Viollet ; d : E. Etienne – 49 h : akg-images – 52 b : akg-images ; h : M. Sinier – 53 hg : Roger-Viollet ; hd : akg-images ; b : A. Harlingue / Roger-Viollet – 54 h : M. Sinier – 55 b : Roger-Viollet – 56 g : Roger-Viollet ; 56 d : Roger-Viollet – 57 h : Roger-Viollet ; 57 md : Roger-Viollet – 58 hd : Roger-Viollet – 59 bg : F. Bernard / Tara Arctic ; bd : F. Latreille / Tara Arctic – 60 b : S. Bughet / Hoa-Qui – 61 h : S. Bughet / Hoa-Qui ; m : S. Bughet / Hoa-Qui ; b : Mary Evans / Keystone-France – 62-63 : C. Jégou – 64 : P. Vernay / Polar Lys / Bios – 68 hg : G. Marion – 69 hg : G. Marion ; m : F. Vernay / Bios – 70 hd : L. Schlosser – 71 b : G. Marion – 72 b : H. Reinhard / Bios – 74 h : Bulloz / Photo RMN ; m : akg-images – 75 h : Roger-Viollet ; b : Roger-Viollet.

Les pictogrammes illustrant la frise ont été dessinés par Nicolas Julo.

Les images DVD sont extraites du film "Les Seigneurs de l'Arctique".

VOIR LES ANIMAUX

VOIR L'HISTOIRE

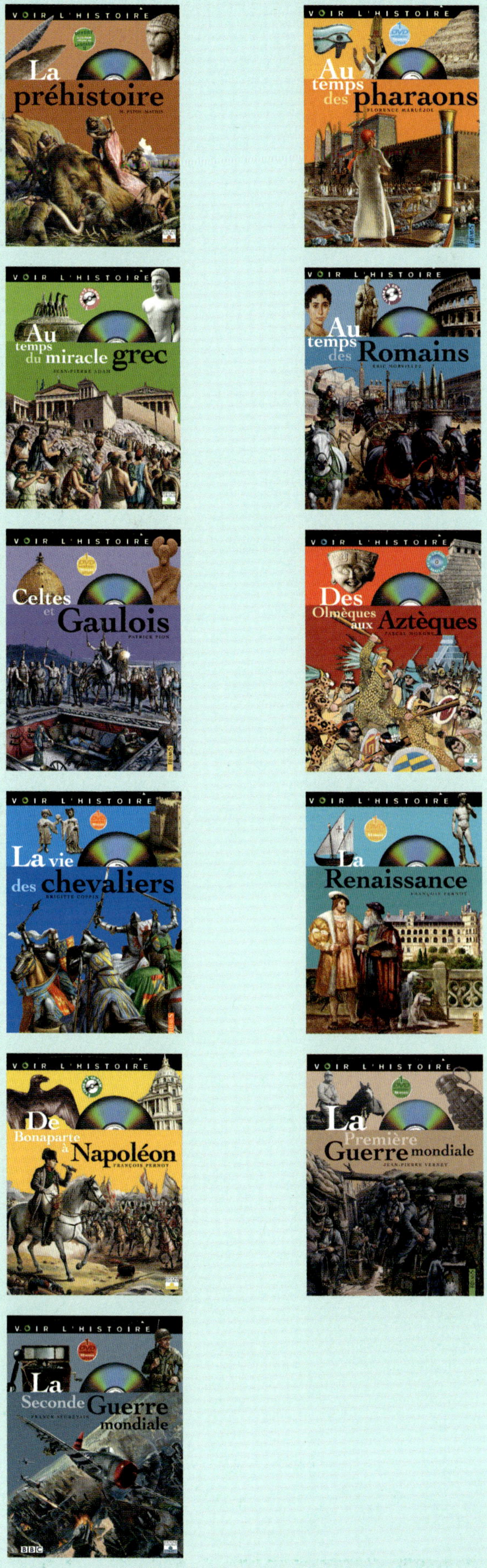